좌행참
SIT, WALK, STAND

SIT, WALK, STAND
by Watchman Nee

Copyright ⓒ Angus I. Kinnear
First Published in 1957 by Gospel Literature Service, Bombay, India.
All rights reserved.

Korean Edition published by Word of Life Press, Seoul, 1969, 2000, 2013.
Translated and published by permission.
Printed in Korea.

좌행참

ⓒ 생명의말씀사 1969, 2000, 2013

1969년 7월 20일 1판 1쇄 발행
1999년 7월 25일   28쇄 발행
2000년 2월 10일 2판 1쇄 발행
2012년 2월 25일   14쇄 발행
2013년 9월 11일 3판 1쇄 발행
2024년 9월 25일   8쇄 발행

펴낸이 | 김창영
펴낸곳 | 생명의말씀사

등록 | 1962. 1. 10. No.300-1962-1
주소 | 서울시 종로구 경희궁1길 6 (03176)
전화 | 02)738-6555(본사)ㆍ02)3159-7979(영업)
팩스 | 02)739-3824(본사)ㆍ080-022-8585(영업)

디자인 | 박소정, 윤보람
인쇄 | 예원프린팅
제본 | 다온바인텍

ISBN 978-89-04-16433-2 (03230)

저작권자의 허락 없이 이 책의 일부 또는 전체를
무단 복제, 전재, 발췌하면 저작권법에 의해 처벌을 받습니다.

좌행참

워치만 니 지음　SIT, WALK, STAND

생명의말씀사

역자 서문

오늘날 교계를 보면 비정상적인 신앙운동이 정상인 것처럼 보이고, 정상적인 복음적 신앙이 위협을 당하고 있는 것같이 보인다. 따지고 보면 신앙생활은 어렵지 않다. 오히려 문제는 너무 쉬워서 실족하기가 쉽다는 것이다. 어렵게 살고, 무겁게 사는 것이 신앙생활이라는 병적인 심리가 세상에 만연해 있는 이때에 워치만 니의 생생한 경험을 통한 복음적 신앙 원리가 이 세대의 지표가 되어 준다면, 나로서는 더 이상 기쁜 일이 없을 것이다.

이 책을 읽을 독자들에게 부탁하고 싶은 것이 한 가지 있다. 역자로서 최대한 쉽게 번역하려고 노력했으나 독자 쪽에서는 너무 쉽게 읽어 버리려고 하지 말고 한 문장, 한 단어를 깊이 생각하면서 읽어 달라는 것이다. 왜냐하면 원저자의 사상과 표현은 우리가 갖고 있는 기존 사상을 근본적으로 흔들어 놓고 있기 때문이다. 미비한 점은 차후 지도 편달을 바란다.

역자 **권 혁 봉**

차례

역자 서문 · 4
서론 · 9

제1장 앉으라 · 15

궁휼이 풍성하신 하나님이 우리를 사랑하신
그 큰 사랑을 인하여…함께 하늘에 앉히시니"
(엡 2:4, 6).

제2장 행하라 · 37

"그리스도께서 너희를 사랑하신 것같이 너희도
사랑 가운데서 행하라"(엡 5:2).

제3장 서라 · 75

"하나님의 전신 갑주를 입으라…악한 날에 너희가
능히 대적하고 모든 일을 행한 후에 서기 위함이라"
(엡 6:11-13).

서론

그리스도인의 삶이 하나님을 기쁘시게 하는 것이 되려면 모든 일에 있어서 하나님과 적절하게 조화를 이루어야 한다. 그러나 우리의 생활 속을 들여다보면 우리는 이 원리를 우리 행위의 일부분, 주님의 일의 어느 한 면에만 적용하고 강조하는 경향이 있다. 그렇기 때문에 종종 우리는 어느 정도까지 조화가 필요한지도, 때로는 그 조화가 어디서부터 시작되어야 하는지도 모른다. 그러나 하나님은 자신의 아들의 완전하심을 따라 처음부터 끝까지 모든 것을 다 측량하신다. 모든 것이 그리스도 안에서 통일되고, 우리가 그 안에서 기업이 되게 하는 것이 하나님의 기쁘신 뜻이라고 성경은 분명히 말하고 있다(엡 1:9-11참조). 내가 간절하게 기도하는 것이 있다. 앞으로 전개될 논의를 통해 우리의 눈이 새롭게 열려 우리를 향한 하나님의 목적, 즉 "그의 영광의 찬송이 되게 하려 하심이라"(엡 1:12)는 말씀의 실현이 오직 우리가 모든 강조점을 거기에 둘 때에만 가능하다는 것을 우리로 하여금 알게 해달라는 것이다.

이제부터 바울이 쓴 에베소서를 토대로 하여 생각해 보겠다.

사도 바울의 많은 서신들이 그렇듯이 이 서신도 자연스럽게 두 부분, 곧 '교리적인 부분'과 '실천적인 부분'으로 나누어진다. '교리적인 부분'(엡 1-3장)은 하나님이 우리를 위해 그리스도 안에서 이룩하신 위대한 구속의 문제를 주로 다루고 있다. 그리고 '실천적인 부분'(엡 4-6장)은 그리스도인의 행동과 열심에 관하여, 하나님이 그 구속의 빛 안에서 우리에게 부과하시는 요구사항들을 제시해 주고 있다. 이 두 부분은 아주 밀접하게 연관되어 있지만, 각 부분의 강조점은 다르다.

더 나아가서, 이 서신의 실천적인 부분은 다시 다루고 있는 내용에 따라 알맞게 세분할 수 있다. 좀 길지만 4장 1절부터 6장 9절까지를 상반부로 보고, 훨씬 짧지만 6장 10절에서 마지막 절까지를 하반부로 정했다. 상반부는 '세상 가운데 사는 우리의 삶'에 대해 언급하고 있으며, 하반부는 '마귀와의 투쟁'을 다루고 있다.

결국 에베소서는 세 부분으로 나눌 수 있다. 각 부분은 '그리스도 안에서의 신자의 지위'(엡 1:1-3:21), '세상 속에서의 신자의 생활'(엡 4:1-6:9), 마지막으로 '원수에 대한 신자의 태도'(엡 6:10-24)를 보여 주고 있다. 이것을 이렇게 요약할 수 있다.

에베소서의 구성

1. 교리적인 부분(1-3장)
- 그리스도 안에서의 신자의 지위(1:1-3:21)

2. 실천적인 부분(4-6장)
- 세상 속에서의 신자의 생활(4:1-6:9)
- 원수에 대한 신자의 태도(6:10-24)

바울의 모든 서신 가운데서 그리스도인의 생활에 관한 최고의 영적 진리를 발견할 수 있는 곳이 바로 이 에베소서다. 이 서신은 영적 진리가 풍부한 동시에 철저하게 실천적이기도 하다. 이 서신의 상반부에서는 그리스도 안에서 우리의 삶이 지극히 높은 하늘에 계신 하나님과 연합되어 있음을 보여 주는가 하면, 하반부에서는 우리가 이 땅 위에서 그런 거룩한 삶을 어떻게 살아야 되는지 아주 실제적인 말로 나타내 주고 있다. 여기서는 이 서신을 세부적으로 연구하지는 않고, 이 서신의 심장부에 간직되어 있는 몇 가지 원리들을 다룰 것이다. 위에서 언급한 세 부분에서 각각 열쇠가 되는 말을 택한 후 그 부분의 지배적인 관념이 무엇인지 알아보겠다.

제1부에서는 '앉다'(sit, 엡 2:6)라는 말이 열쇠가 된다. 이것은 진정한 그리스도인의 경험의 비결을 나타내 준다. 하나님은 우리를 그리스도와 함께 하늘에 앉히셨으므로, 모든 그리스도인의 영적 생활은 바로 그 안식의 장소에서부터 시작되어야 한다.

제2부에서는 '행하다'(walk, 엡 4:1)라는 말을 택했다. 이 말은 그 부분의 주제인 세상에서의 우리의 삶을 표현해 주는 말이다. 여기서 우리 그리스도인은 행함으로 우리의 거룩한 소명에 합당한 생활을 나타내라는 도전을 받는다.

마지막 3부에서는 '서다'(또는 '대적하다', stand, 엡 6:11, 13)라는 말을 택했다. 이것은 원수에 대해서 우리가 어떤 태도를 취해야 하는지 잘 나타내 주며, 결국은 우리가 승리를 거둘 것이라는 사실을 말해 주고 있다. 이 모든 사실을 이렇게 정리해 볼 수 있다.

에베소서의 열쇠가 되는 단어

1. 그리스도 안에서의 신자의 지위 – '앉다' (2:6)

2. 세상 안에서의 신자의 생활 – '행하다' (4:1)

3. 원수에 대한 신자의 태도 – '서다' (대적하다, 6:11,13)

그리스도인의 생활은 언제나 하나님에 대한 태도, 사람에 대한 태도, 사탄의 세력에 대한 태도를 나타내 보이기 마련이다. 하나님이 쓰시기에 유용한 사람이 되려면 반드시 이 세 가지 면, 곧 지위와 생활과 전투 태세가 적절히 갖추어져 있어야 한다. 만일 이 세 부분 중 어느 한 부분이라도 무시한다면 하나님의 요구에 응할 수 없다. 왜냐하면 하나님은 각 부분에서 "그가 사랑하시는 자 안에서 우리에게 거저 주시는 바 그의 은혜의 영광"을 나타내시기 때문이다(엡 1:6).

우리는 '앉다', '행하다', '서다'의 세 단어를 사도의 가르침의 지침으로 삼을 것이다. 그것은 우리의 마음속에 생생하게 살아 있는 메시지가 될 것이다. 또 이 세 단어의 순서와 상호 관계를 살펴봄으로써 더욱더 많은 것을 배우게 될 것이다.

제1장

앉·으·라

"우리 주 예수 그리스도의 하나님, 영광의 아버지께서…그리스도 안에서 역사하사 죽은 자들 가운데서 다시 살리시고 하늘에서 자기 오른편에 **앉히사** 모든 통치와 권세와 능력과 주권과 이 세상뿐 아니라 오는 세상에 일컫는 모든 이름 위에 뛰어나게 하시고"(엡 1:17-21).

"또 함께 일으키사 그리스도 예수 안에서 함께 하늘에 **앉히시니**…너희는 그 은혜에 의하여 믿음으로 말미암아 구원을 받았으니 이것이 너희에게서 난 것이 아니요 하나님의 선물이라 행위에서 난 것이 아니니 이는 누구든지 자랑하지 못하게 함이라"(엡 2:6-9).

"영광의 아버지께서…앉히사…함께 하늘에 앉히시니"에서 '앉다'라는 말의 뜻을 먼저 생각해 보자. 이미 말했던 것처럼 이 말은 거룩한 생활의 비결을 나타낸다. 그리스도인의 생활은 행함으로 시작되는 것이 아니라, 앉는 것으로부터 시작된다. 기독교의 기원은 그리스도이다. 이 그리스도는 친히 죄를 정결케 하시고 높은 곳에 계신, 지극히 크신 이의 우편에 앉으신 바로 그분이다(히 1:3). 이와 같이 그리스도인으로서의 개개인의 생활은 '그리스도 안에 있는' 한 사람으로부터 시작된다고 말할 수 있다. 즉 우리가 믿음으로 말미암아 우리 자신이 하늘에서 그리스도와 함께 앉아 있는 것을 알게 될 때 시작된다는 것이다.

대부분의 그리스도인들이 앉기 위하여 먼저 걸어 보려고 하는 헛수고를 하고 있는데, 이것은 참된 순서를 바꾸어 놓은 것이다. 자연적인 이성에 따라 생각하면 이렇게 말할 수도 있다.

"걷지 않고서 어떻게 목적지에 도달할 수 있는가? 노력하지 않고서 무엇을 얻을 수 있단 말인가? 움직이지 않고 어떻게 나아갈 수 있는가?"

그러나 기독교란 정말 묘한 것이다! 만일 처음부터 우리가 무엇을 하려고 시도한다면 아무것도 얻지 못하고, 또 무엇인가를 얻으려고 한다면 모든 것을 잃고 말 것이다. 왜냐하면 기독교는 지금 '하는 것'(do)이 아니라, 이미 '해놓은 것'(done)으로부터 시작되기 때문이다. 그래서 에베소서 서두에서는 하나님이 "그리스도 안에서 하늘에 속한 모든 신령한 복을 우리에게 주시되"라고 말하고 있다(엡 1:3). 그리고 우리를 처음에 초대하신 것은 그저 가만히 앉아서 하나님이 우리를 위해 이룩해 놓으신 것을 즐기게 하려는 것이었지, 우리 힘으로 애써서 얻게 하려는 것이 아니었다.

'행한다'는 것은 '노력한다'는 의미를 내포한다. 그러나 하나님은 말씀하시기를, 우리가 구원을 받은 것은 행함에 의해서가 아니라 "은혜에 의하여 믿음으로 말미암아" 된 것이라고 했다(엡 2:8). 우리는 자주 우리가 '믿음으로 구원받는 것'에 대해 말한다. 그렇다면 그 말은 무슨 의미인가? 우리가 주 예수님께 의지함으로써 구원을 받는다는 뜻이다. 우리가 우리 자신을 구원하기 위해서 한 일은 아무것도 없다. 다만 우리의 죄로 멍든 영혼의 짐을 주님께 얹어 놓았을 뿐이다. 우리는 스스로 행하는 일에 의존하는 것이 아니라, 하나님이 이룩해 놓으신 일에 의존함으로 그리스도인으로서의 생활을 시작하는 것이다. 이렇게 하기 전까지는 참된 그리스도인이 아니다.

"내가 나 자신을 구원하기 위해 할 수 있는 일은 아무것도 없어. 오직 하나님이 그분의 은혜로 나를 위해 그리스도 안에서 모든 것을 친히 이루어 놓으셨지."

이렇게 말할 때 신앙생활의 첫걸음을 내딛는 것이라 할 수 있다.

그리스도인의 생활은 처음부터 끝까지 주 예수님께 전적으로 의존해야 한다는 원리에 근거하고 있다. 하나님이 우리에게 주시고자 하는 은혜에는 제한이 없다. 하나님은 모든 것을 우리에게 주려고 하신다. 그렇지만 우리가 그 안에서 안식하고 그에게 의존하지 않으면 아무것도 받을 수 없다. '앉아 있는 것'은 휴식의 자세다. 어떤 일이 이미 완료되었기 때문에 일하는 것을 멈추고 앉아 있는 것이다. 우리가 무엇보다도 먼저 편안히 앉아 쉬는 것을 배울 때 비로소 그리스도인으로서의 생활에 진보가 있다는 것은 역설적인 것 같지만 사실이다.

그렇다면 '앉아 있다'는 말은 실제로 무엇을 의미하는가? 걷거나 서 있을 때는 몸을 지탱하느라고 다리가 수고를 해야 한다. 하지만 앉아 있을 때는 우리 몸무게가 얼마나 되든지 간에 의자나 소파에 온 전신을 기댄다. 걷거나 서 있을 때는 피곤하고 지치지만, 잠시 동안이라도 앉아 있으면 편안함을 느낀다. 걷거나 서 있을 때는 많은 정력이 소비되지만, 앉아 있으면 곧 긴장이 풀린다. 왜냐하면 긴장되었던 근육과 신경이 모두 풀어지고, 대신 우리 외부의 어떤 것에 부담이 가해지기 때문이다. 영적인 면에서도 마찬가지다. 앉아 있다는 것은 우리의 모든 부담, 즉 우리의 짐, 우리 자신, 우리의 장래 문제, 그 외의 모든 것을 주님께 맡기는 것이다. 우리는 스스로 짐을 지지 말고 주님께 모든 짐을 맡겨야 한다.

이것은 태초로부터 내려온 하나님의 원리다. 하나님이 세상을 창조하실 때 첫날부터 엿새되는 날까지는 일하시고 제7일에는 안식하셨다. 하나님은 엿새 동안 심히 바쁘셨다. 그리고 모든 일을 마치신 다음에는 활동을 멈추셨다. 그래서 일곱째 날은 하나님의 안식일이 되었다. 이것이 곧 하나님의 안식이다.

그러나 아담의 안식은 어떠했는가? 하나님이 안식할 즈음 아담은 어디에 있었는가? 아담은 여섯째 날에 창조되었다. 6일 중 제일 끝날에 창조되었기 때문에 6일 동안 하나님이 일하실 때 아담이 한 일이라고는 하나도 없었다. 하나님의 일곱째 날은 아담에게는 사실상 첫째 날이었다. 하나님은 엿새 동안 일을 하시고 그 후에 안식을 누리신 반면, 아담은 그의 생을 안식일에 시작했다. 다시 말해서, 하나님은 안식하시기 전에 일하신다. 반면에 사람은 반드시 먼저 하나님의 안식 속으로 들어가야 하고, 그 후에야 일을 할 수 있다. 아담의 생애가 안식으로 시작할 수 있었던 것은 하나님의 창조 사업이 실로 완성되었기 때문이었다.

여기에 복음이 있다. 하나님은 한 단계 더 나아가서 구속 사업 또한 완성하셨다. 우리로서는 구원받을 만한 공로에 해당하는 일을 할 필요가 없다. 다만 믿음으로 하나님이 완성하신 귀한 사역에 직접 들어가면 되는 것이다. 물론 우리는 이 두 가지 역사적 사실, 곧 하나님의 창조의 안식과 구속의 안식 사이에는 아담의 범죄와 징계, 인간의 끊임없고 헛된 노력, 잃어버린 지위를 회복시키기 위해 하나님의 아들이 오셔서 힘써 일하고 자신을 내어 주신 비극적인 이야기들이 있음을 알고 있다. 그리스도께서는 "내 아버지께서 이제까지 일하시니 나도 일한다."라고 말씀하셨다. 그분은 속죄의 대가를 치르신 후에야 "다 이루었다."고 외치실 수 있었다.

그러나 그와 같은 승리의 환호성으로 인하여 지금까지 우리가 유추해 온 것이 진실이 되었다. 기독교는 진실로 하나님이 그리스도 안에서 모든 것을 이룩하셨으며, 우리는 다만 믿음으로 그 사실을 누리는 것을 의미한다. 물론 여기에서 열쇠가 되는 단어는 문맥상 '앉으라'는 명령형이 아니라, 다만 그리스도 안에 '자리 잡고 앉은' 우리 자신을 보라는 의미이다. 바울은 우리의 마음 눈이 밝아져서(엡 1:18) 하나님이 처음에 능력으로 '그를 앉히셨고' 그 다음에는 은혜로 '우리를 그와 함께 앉히셨다'는 이 이중적인 사실을 알게 되기를 간구한다.

우리가 반드시 알아 두어야 할 중요한 교훈은 그 일이 처음부터 우리의 일이 아니라, 주님의 일이었다는 사실이다. 우리가 하나님을 위해서 일하는 것이 아니라, 하나님이 우리를 위해 일하신다. 하나님은 우리에게 안식처를 주신다. 하나님은 아들이 이미 완성하신 업적을 가지고 오셔서 우리에게 내주시면서 말씀하시기를 "자, 앉아라."고 하신다. 내 생각에 그분이 우리에게 선물을 주시는 것이 가장 잘 표현된 곳은 큰 잔치에 초대하실 때 "오소서, 모든 것이 준비되었나이다"라는 말씀이다(눅 14:17). 그러므로 우리 그리스도인의 생활은 하나님이 주신 것을 발견하는 데서 시작된다.

완성하신 사업의 범위

앞으로 그리스도인의 경험은 처음 시작할 때와 마찬가지로 우리 자신의 행위에 근거하지 않고 항상 하나님이 완성해 놓으신 일에 근거하여 전진한다. 모든 새로운 영적 경험은 하나님이 이룩해 놓으신 것을 믿음으로 받아들임으로써 시작된다. 즉 원한다면 새롭게 '앉음'으로 시작된다. 이것이 곧 생명의 원리요, 하나님이 친히 정하신 원리다. 그리고 그리스도인의 생활을 성공적으로 해나가려면 늘 하나님이 정해 놓으신 원리를 따라야 한다.

봉사를 하고 싶은데 어떻게 해야 성령의 능력을 받을 수 있을까? 그것을 위해 애쓰고 노력해야 할까? 하나님께 탄원해야 할까? 금식도 하고 자신을 부인하면서 고행을 해야 할까? 결코 안 될 말이다. 성경은 그렇게 말하지 않는다. 다시 한 번 생각해 보자. 우리의 죄가 어떻게 용서를 받았는가? 바울은 그것이 "그의 은혜의 풍성함을 따라" 된 것이며 그 은혜는 "그가 사랑하시는 자 안에서 우리에게 거저 주시는" 것이라고 했다(엡 1:6-7). 우리는 용서받기 위해서 아무것도 한 일이 없다. 우리는 그리스도의 피로 말미암아, 즉 그분이 이룩하신 일을 근거로 하여 구속받았다.

하나님이 성령을 넘치도록 부어 주시는 근거는 무엇인가? 그것은 주 예수님이 높아지신 것이다(행 2:33). 예수님이 십자가에서 죽으셨기에 나는 죄 사함을 받고, 그분이 승귀하여 보좌에 앉으셨기에 나는 위로부터 오는 능력을 받는다. 주 예수님이 영광을 받으심으로 성령이 오셨기 때문에 그 선물은 나의 상태나 행위에 의존하지 않는다. 내가 무엇을 행함으로 죄 사함을 받은 것도 아니요, 또 무엇을 행함으로 성령을 받는 것도 아니다. 나는 걷지 않고 앉음으로, 어떤 일을 행하지 않고 주님 안에서 안식함으로 모든 것을 받는다.

따라서 구원의 첫 경험을 기다릴 필요가 없듯이 성령의 부어 주심도 기다릴 필요가 없다. 이 선물을 받기 위해 하나님께 탄원하거나, 필사적으로 노력하거나, 특별한 경험을 기다리며 오래도록 질질 끄는 집회를 가질 필요도 없음을 분명히 말해 둔다. 다시 말해서 성령을 받는 것은 자신의 행함으로 말미암는 것이 아니라, 그리스도의 승귀로 말미암는 것이다. 우리는 "그 안에서 또한 믿어 약속의 성령으로 인치심을 받았다." 죄 사함과 마찬가지로 이것 또한 "너희의 구원의 복음" 안에 포함된다(엡 1:13).

이제 에베소서의 특별한 주제에 대해 생각해 보자. 어떻게 우리는 그리스도의 지체가 되는가? 우리로 그 몸의 일부가 되게 하는 것, 곧 사도 바울이 '그의 충만'이라고 말한 것은 무엇일까? 확실히 우리의 행함으로는 그런 곳에 결코 도달할 수 없다. 나 자신의 노력으로는 결코 그분에게 연합될 수 없다.

"몸이 하나요 성령도 한 분이시니 이와 같이 너희가 부르심의 한 소망 안에서 부르심을 받았느니라"(엡 4:4).

에베소서는 그 연합의 사실을 잘 설명해 준다. 그것은 그리스도로부터 시작하고, 하나님이 창세전에 그리스도 안에서 우리를 택했다는 사실로부터 시작한다(엡 1:4). 성령이 우리에게 그리스도를 보여 주시고 우리가 그분을 믿을 때, 그 즉시 더 이상 우리 쪽에서 아무 행동을 하지 않아도 그리스도와 연합된 생명이 시작되는 것이다.

그런데 이 모든 것들이 오직 믿음으로만 우리의 것이 된다면, 지금 매우 긴급하고 실제적인 문제인 우리의 성화는 어떻게 되는 것인가? 우리가 현재 죄의 권세로부터 구원받았음을 어떻게 알 수 있는가? 수년 동안 우리를 따라다니며 괴롭혀 온 우리의 '옛 사람'이 어떻게 '십자가에 못 박히고' 제거되는가? 역시 그 비결도 행함에 있지 않고 앉아 있는 데 있으며, 무엇을 하는 데 있지 않고 이미 이루어진 일을 의지하는 데 있다.

우리는 죄에 대해 죽었다(롬 6:2). 또한 우리는 그분의 죽으심과 합하여 세례를 받았다(롬 6:3-4). 그리고 하나님이 우리를 그리스도와 함께 살리셨다(엡 2:5). 이 모든 말들은 과거 시제로 되어 있다. 왜 그럴까? 그것은 주 예수님이 약 2,000여 년 전에 예루살렘 밖에서 십자가에 못 박히셨을 때 나도 그분과 함께 십자가에 못 박혔기 때문이다. 이것은 위대한 역사적 사실이다. 이로 인해서 그리스도의 경험이 지금 나의 영적인 역사(歷史)가 되었고, 하나님은 내가 '그분과 함께' 이미 모든 것을 가졌노라고 말씀하실 수 있다. 지금 내가 가지고 있는 모든 것은 '그리스도와 함께' 가지고 있는 것이다. 성경에서는 이와 같은 사실들을 미래의 일로 말하지 않을 뿐더러 지금 갈망해야 하는 것으로도 말한 적이 없다. 그 사실들은 그리스도의 역사적 사실이며, 우리 믿는 자들은 다 그 역사적 사실에 참여한 것이다.

그리스도와 함께 십자가에 못 박히고, 살리심을 받고, 일으킴을 받고, 하늘에 앉게 되었다. 이러한 개념들은 요한복음 3장 3절에서 예수님이 니고데모에게 하신 말씀과 마찬가지로 인간의 지성으로 이해하기 어려운 것이다. "어떻게 거듭날 수 있는가?" 하는 문제는 실로 의문이 갈 만한 것이었다. 그런데 더 일어날 것 같지 않은 일이 있다. 즉 중생처럼 우리 안에서 일어날 뿐만 아니라, 오래전에 어떤 분 안에서 이미 일어났던 일이기 때문에 지금 우리의 것으로 여기고 받아들일 수 있는 것이 있다. 어떻게 그렇게 될 수가 있는가? 우리는 설명할 수 없다. 다만 하나님이 이룩하신 일을 받아 가질 뿐이다. 우리는 그리스도와 함께 태어나지 않았지만 그분과 함께 십자가에 못 박혔다(갈 2:20). 그러므로 우리가 그분과 연합한 것은 그분의 죽음으로 인하여 시작되었다. 하나님은 그 안에 우리를 포함시키셨다. 우리는 '그 안에' 있었기 때문에 '그분과 함께' 있는 것이다.

그러나 내가 '그리스도 안에' 있다는 것을 어떻게 확신할 수 있을까? 성경이 그렇게 확언하고 또 나를 그곳에 두신 분이 하나님이었음을 말해 주기 때문에 확신할 수 있는 것이다.

"너희는 하나님으로부터 나서 그리스도 예수 안에 있고"(고전 1:30).

"우리를 너희와 함께 그리스도 안에서 굳건하게 하시고 우리에게 기름을 부으신 이는 하나님이시니"(고후 1:21).

하나님이 그의 탁월한 지혜로 완성하신 것을 우리가 보고, 믿고, 받아들이고, 기뻐하는 것이다.

내가 천 원짜리 지폐를 책 속에 끼워 놓았는데 그 책을 태워 버린다면 그 지폐는 어디로 가겠는가? 책과 함께 재가 될 것이다. 그 책이 어디로 가든지 지폐는 따라다닌다. 책과 지폐의 역사는 하나가 되었다. 마찬가지로 하나님은 우리를 그리스도 안에 넣어 두셨다. 그러므로 그리스도께 일어난 일은 우리에게도 일어난 것이다. 그분이 겪은 모든 경험을 우리도 그 안에서 겪었다.

"우리의 옛 사람이 예수와 함께 십자가에 못 박힌 것은 죄의 몸이 죽어 다시는 우리가 죄에게 종 노릇하지 아니하려 함이니"(롬 6:6).

이것은 역사다. 우리의 역사는 우리가 출생하기 전에 그리스도 안에서 기록되었다. 이것을 믿는가? 이는 엄연한 사실이다! 우리가 그리스도와 함께 십자가에 못 박힌 것은 영광스러운 역사적 사실이다. 우리가 죄에서 구출받은 것은 우리가 할 수 있는 일에 근거한 것도 아니요, 하나님이 우리를 위해 장차 해주시려고 하는 일에 근거한 것도 아니며, 이미 그리스도 안에서 우리를 위해 이룩하신 일에 근거한 것이다. 우리가 그 사실을 깨닫고 의지할 때(롬 6:11), 거룩한 생활의 비결을 발견하게 된다.

사실 우리 모두는 경험상으로 이것을 너무나 모르고 있다. 예를 들어보겠다. 어떤 사람이 당신의 면전에서 기분 나쁜 말을 던진다면 당신은 어떻게 하는가? 입술을 꼭 깨물고, 이를 악물며, 침을 꿀꺽 삼키고는 주먹을 불끈 쥔다. 갖은 애를 써가며 분노를 감추고 이성을 되찾아 침착하게 되었다고 하자. 이만하면 잘 대처했다고 생각할 것이다. 그렇지만 분노는 계속 남아 있다. 그 분노는 단지 감추어져 있었을 뿐이다. 그리고 때때로 그 분노를 감추지 못할 때도 있다. 무엇이 문제인가? 문제는 당신이 앉기도 전에 걸으려고 한다는 것이다. 그렇게 하면 틀림없이 패배한다. 다시 한 번 생각해 보자. 행함으로 시작되는 그리스도인의 체험은 하나도 없다. 그리스도인의 체험은 언제나 앉는 것으로부터 시작된다. 죄에서 구원받는 비결은 어떤 일을 행하는 것이 아니라, 하나님이 이룩해 놓으신 일을 의지하는 것이다.

서구의 큰 도시에 살던 한 기술자가 고향을 떠나 극동 지방으로 갔다. 그는 거기서 2-3년을 살았다. 그런데 그가 없는 동안 아내는 정절을 지키지 못하고 남편의 절친한 친구와 도망치고 말았다. 그가 고향집에 돌아와 보니 자기 아내와 두 아이들은 물론, 그 친구도 온데간데없었다. 그런데 내가 설교하던 집회의 마지막 날, 이 비탄에 잠긴 기술자가 나에게 와서 자기의 속마음을 털어놓았다.

"꼬박 2년 동안 제 마음은 항상 증오로 가득 차 있었습니다. 저는 그리스도인입니다. 제 아내와 친구를 용서해 줘야 한다는 걸 알고 있지만, 아무리 노력해도 용서할 수가 없습니다. 그들을 사랑하겠다고 매일 결심을 하지만, 늘 실패하고 맙니다. 제가 어떻게 해야 합니까?"

나는 이렇게 대답했다.

"아무것도 하려 들지 마세요."

그는 깜짝 놀라 다시 질문했다.

"그게 도대체 무슨 말이죠? 제가 계속 그들을 미워해도 된다는 말입니까?"

그래서 나는 이렇게 설명해 주었다.

"당신의 문제 해결 방법은 바로 여기에 있습니다. 주 예수님이 십자가에서 죽으셨을 때 당신의 죄만 담당하신 것이 아니라, 바로 당신까지 담당하셨다는 것입니다. 그분이 십자가에 못 박히셨을 때 그 안에서 당신의 옛 사람도 못 박혔습니다. 그래서 당신에게 잘못한 사람들을 사랑할 수 없고 용서할 수 없는 '당신'은 그분의 죽음 안에서 함께 죽었습니다. 하나님은 십자가 안에서 모든 상황을 다

다루셨습니다. 그러므로 당신이 처리할 것이라고는 아무것도 남아 있지 않습니다. 하나님께 이렇게 간구해 보십시오. '주여, 저는 사랑할 수 없고 이제 더 이상 사랑하려고 노력하지도 않겠습니다. 다만 하나님의 완전한 사랑을 의지하겠습니다. 저는 용서할 수 없습니다. 그러나 하나님이 저 대신 용서해 주시고 앞으로도 제 안에서 이 모든 일들을 행해 주시기를 의탁합니다.'"

그 사람은 이 말을 듣고 놀라서 이렇게 말했다.

"너무나 생소한 말입니다. 저는 저 자신이 어떤 일을 해야만 한다고 생각해요."

그러더니 조금 후에 다시 말을 이었다.

"그런데 제가 무엇을 할 수 있을까요?"

나는 곧 대답했다.

"하나님은 당신이 행하는 것을 중단할 때까지 기다리고 계십니다. 당신이 행하기를 중단할 때 하나님은 일을 시작하십니다. 물에 빠진 사람을 구해 본 경험이 있으신지요? 문제는 물에 빠진 사람이 두려움 때문에 당신을 신뢰하지 못하는 것입니다. 그럴 때는 두 가지 방법이 있습니다. 물에 빠진 사람을 때려서 의식을 잃게 한 후 해변으로 끌고 나오든지, 아니면 그가 발버둥치며 소리치도록 내

버려두었다가 기진맥진할 때 구하러 들어가는 것입니다. 그에게 아직 힘이 남아 있을 때 그를 구출하려고 하면, 그는 두려움에 당신을 꼭 붙들고 물 속으로 끌고 들어가서 당신도 죽고, 그 사람도 죽게 될 것입니다. 하나님은 당신을 구하기 전에 당신의 힘이 완전히 없어질 때까지 기다리고 계십니다. 일단 당신이 몸부림을 멈추면, 하나님이 모든 일을 행하실 것입니다. 하나님은 당신이 절망하기를 기다리고 계십니다."

내 말을 듣고 있던 기술자는 벌떡 일어나서 이렇게 말했다.

"형제님, 이제 알았어요! 하나님께 감사합니다. 제 문제는 해결되었습니다! 제가 할 일이라고는 아무것도 없네요. 하나님이 모든 일을 해주셨으니까요!"

그는 밝은 얼굴로 기뻐하며 자리를 떠났다.

주시는 자이신 하나님

복음서의 비유들 중에서 하나님을 기쁘시게 하는 방법을 가장 잘 보여 주는 예는 탕자의 이야기인 것 같다. 아버지는 말하기를 "즐거워하고 기뻐하는 것이 마땅하다"고 했다(눅 15:32). 이 말씀에서 예수님은 구속 사업에 있어서 하나님 아버지의 마음을 가장 기쁘게 하는 것이 무엇인지를 보여 주고 있다. 아버지를 기쁘게 한 것은, 아버지를 위해 계속 일만 한 맏형이 아니라, 오히려 아버지로 하여금 자기를 위해 온갖 일을 하도록 만든 아우였다. 또 언제나 주는 자가 되기를 원한 맏형이 아니라, 늘 받는 자가 되기를 좋아하는 아우였다. 탕자가 방탕한 생활로 자기의 모든 재산을 다 허비하고 집에 돌아왔을 때 아버지는 재산을 낭비한 것에 대해 한마디도 책망하지 않았으며, 또 재산의 행방을 일체 물어보지도 않았다. 아버지는 아들이 모든 것을 소비한 것 때문에 애석해하지 않았다. 그는 단지 아들이 다시 돌아와서 그에게 더 쓸 것을 줄 수 있는 기회가 생긴 것을 기뻐했을 뿐이다.

하나님은 지극히 부유하시기 때문에 주는 것을 가장 기뻐하신다. 하나님의 보물 창고는 항상 가득 차 있다. 그러므로 그토록 많은 보화를 우리에게 후히 주실 수 있는 기회를 하나님께 드리지 않을 때 하나님은 아주 섭섭해하신다. 탕자이지만 그에게 좋은 옷과 가락지와 구두와 또 잔치를 베풀 수 있는 기회를 얻게 된 것이 아버지에게는 말할 수 없는 기쁨이었다. 또 장자에게서 이런 간청을 받아 보지 못한 것이 아버지에게는 섭섭한 일이었다. 우리가 하나님을 위해 무엇을 드리려고 노력할 때 오히려 하나님의 마음을 슬프시게 할 수 있다. 하나님은 너무나 부유하시다. 우리가 단지 하나님으로 하여금 우리에게 주고, 또 주고, 무한히 주시도록 할 때 하나님은 진정으로 기뻐하신다. 또 우리가 하나님을 위해 무언가를 하려고 할 때 하나님은 섭섭해하신다. 그분은 아주 능력이 많으시기 때문이다. 하나님이 바라시는 것은, 우리가 하나님으로 하여금 행하고, 또 행하고, 무한히 행하실 수 있도록 하는 것이다. 하나님은 영원히 주시는 자가 되기를 원하시며, 또한 영원히 행하는 자가 되기를 원하신다. 우리가 하나님이 그토록 부유하시고 위대하시다는 사실을 발견한다면, 모든 주는 것과 행하는 것을 하나님께 맡길 것이다.

하나님을 기쁘시게 해드리려는 노력을 중단하면 선행도 중단하게 된다고 생각하는가? 만일 당신이 주는 것과 일하는 것을 모두 하나님께 맡기면 당신이 어떤 일을 행했을 때보다 결과가 덜 만족스러울 거라고 생각하는가? 우리가 스스로 그것을 행하려고 할 때는 우리 자신을 또다시 율법 아래 두는 것이다. 그러나 율법의 일은 아무리 우리가 최선을 다한다 할지라도 '죽은 일'이다. 하나님은 그 일이 무익하기 때문에 싫어하신다. 이 비유에서 두 아들은 똑같이 아버지 집의 기쁨에서 멀리 떨어져 있었다. 즉 맏아들은 비록 먼 나라에는 가지 않았지만 이론적으로만 집에 있었던 것이다.

"내가 여러 해 아버지를 섬겨 명을 어김이 없거늘…."

그의 마음은 평안하지 못했다. 그는 탕자가 했던 것같이 실제적으로 자신의 이론적인 위치를 누리지 못했다. 이는 그가 자신의 선행을 버리지 않았기 때문이다.

자, 이제 '주는 것'을 멈추라! 그때에 비로소 하나님이 공급자이심을 깨닫게 될 것이다. 일하기를 멈추라! 그러면 하나님이 일하는 분임을 알게 될 것이다. 물론 둘째 아들은 전적으로 잘못했다. 그러나 그는 집으로 돌아와서 안식을 찾았다. 이것이 곧 그리스도인의 생활이 시작되는 출발점이다.

"긍휼이 풍성하신 하나님이 우리를 사랑하신 그 큰 사랑을 인하여…
그리스도 예수 안에서 함께 하늘에 앉히시니"(엡 2:4, 6).

우리는 마땅히 즐거워하고 기뻐해야 한다!

제2장

행·하·라

지금까지 그리스도인의 경험은 행하는 데서 시작하는 것이 아니라, 앉는 것에서부터 시작한다는 사실을 명백히 밝히려고 노력했다. 이와 같은 하나님의 순서를 거스를 때마다 그 결과는 언제나 비참하다. 주 예수님이 우리를 위해 모든 일을 행하셨기 때문에 우리에게 지금 필요한 것은 그 안에서 마음 놓고 안식을 취하는 것이다. 주님이 보좌에 앉아 계시기 때문에 우리는 그분의 힘으로 살아갈 수 있다. '모든 영적 경험은 안식에서 시작된다'는 사실은 아무리 강조해도 지나치지 않다.

그러나 문제는 여기서 끝나지 않는다. 그리스도인의 삶이 앉는 것에서부터 시작되는 것은 사실이지만, 앉는 것은 항상 행하는 것을 수반한다. 일단 우리가 잘 앉아서 쉬고 힘을 얻은 후에는 걷기 시작한다. '앉아 있다' 는 것은 그리스도와 함께 천국에 있는 우리의 지위를 말해 준다. 또 '행한다' 는 것은 이 세상에서 그 하늘의 지위를 실제로 나타내는 것이다. 우리는 하늘에 속한 사람으로서 이 세상에서 생활할 때에도 하늘의 표적을 지니고 다녀야 할 필요가 있다. 이 점이 새로운 문제를 제기한다. 우리는 이제 이렇게 질문해 보아야 한다. 에베소서에서는 행함에 대해서 어떻게 말하고 있는가? 우리는 이 서신이 두 가지 사항을 강조하고 있음을 알게 될 것이다.

이제 그 중 첫 번째를 살펴보자.

"그러므로 주 안에서 갇힌 내가 너희를 권하노니 너희가 부르심을 받은 일에 합당하게 **행하여** 모든 겸손과 온유로 하고…"(엡 4:1-2).

"그러므로 내가 이것을 말하며 주 안에서 증언하노니 이제부터 너희는 이방인이 그 마음의 허망한 것으로 행함같이 **행하지** 말라…오직 너희의 심령이 새롭게 되어…"(엡 4:17, 23).

"그리스도께서 너희를 사랑하신 것같이 너희도 사랑 가운데서 **행하라**" (엡 5:2).

"빛의 자녀들처럼 **행하라**…주를 기쁘시게 할 것이 무엇인가 시험하여 보라" (엡 5:8, 10).

에베소서에서는 '행하다' 라는 말이 여덟 번이나 쓰였다. 이 말은 문자적으로는 '돌아다니다' 라는 뜻인데, 여기서 바울은 비유적으로 '처신하다', '자신의 행동을 주관하다' 라는 의미로 사용했다. 그것은 곧 '그리스도인의 행위' 라는 주제를 제시하며, 이 서신의 두 번째 부분의 문제로 다루고 있다. 그러나 우리는 앞에서 그리스도의 몸, 즉 그리스도인들의 교제가 에베소서의 또 하나의 큰 주제임을 보았다. 지금 에베소서 4장에서는 그러한 교제의 관점에서 이 거룩한 행함의 문제가 제기되는 것을 발견할 수 있다. 바울은 계속해서 우리의 거룩한 소명에 비추어 우리의 모든 관계에 대해 도전을 주고 있다. 다시 말해서 이웃과의 관계, 부부 관계, 부모와 자녀 관계, 고용인과 피고용인 관계 등을 가장 실제적인 방법으로 다루고 있다.

그리스도의 몸이 동떨어져 있고 비실제적인 것이 아님을 분명히 알아두기를 바란다. 그것은 매우 현재적이고 실제적인 것으로 다른 사람들과의 관계에서 우리의 행동을 참되게 평가할 수 있다. 그것이 진실할 때 우리는 하늘에 속한 사람이며, 단지 멀리 떨어진 하늘에 대해 이야기하는 것은 아무 소용이 없다. 우리의 집과 사무실에서, 가게와 부엌에서 거룩을 행하지 않으면 그것은 아무 의미가 없을 것이다. 부모들과 자녀들은 신약성경을 통해 부모와 자녀가 어떠해야 하는지 살펴보기를 바란다.

그리스도 안에서 하늘에 앉게 되었다고 말하는 우리 중 많은 사람들이 가정에서 매우 의심스러운 행동을 하는 것을 보면 무척 두렵고 놀랍다. 남편들과 아내들도 마찬가지다. 부부들을 위한 말씀들이 많이 있다. 에베소서 5장을 읽고, 그 다음에 고린도전서 7장을 읽어 보라. 이 장을 주의 깊게 읽으면 참된 결혼생활이 요구하는 것을 알게 될 것이다. 단지 이론상으로가 아니라 하나님 앞에서 영적으로 하나 되는 것을 발견할 수 있어서 모든 부부에게 유익할 것이다. 실제적인 것에 대해 이론만 내세우는 태도를 갖지 말도록 하자. 이제 그리스도인의 관계에 대한 분명한 하나님의 명령을 살펴보겠다.

"행하여…오래 참음으로 사랑 가운데서 서로 용납하고"(엡 4:2).

"거짓을 버리고 각각 그 이웃과 더불어 참된 것을 말하라"(엡 4:25).

"분을 내어도 죄를 짓지 말며"(엡 4:26).

"다시 도둑질하지 말고"(엡 4:28).

"모든 악독과…비방하는 것을 모든 악의와 함께 버리고"(엡 4:31).

"서로 친절하게 하며…서로 용서하기를"(엡 4:32).

"피차 복종하라"(엡 5:21).

"노엽게 하지 말고"(엡 6:4).

"순종하기를 그리스도께 하듯 하라"(엡 6:5).

"위협을 그치라"(엡 6:9).

여기 기록한 명령들보다 더 실제적인 것은 없다.

주 예수님이 친히 이런 일에 대해서 가르치셨던 것을 기억하기를 바란다. 산상수훈에서 말씀하신 것을 자세히 고찰해 보자.

"또 눈은 눈으로, 이는 이로 갚으라 하였다는 것을 너희가 들었으나 나는 너희에게 이르노니 악한 자를 대적지 말라 누구든지 네 오른편 뺨을 치거든 왼편도 돌려 대며 또 너를 고발하여 속옷을 가지고자 하는 자에게 겉옷까지도 가지게 하며 또 누구든지 너로 억지로 오 리를 가게 하거든 그 사람과 십 리를 동행하고 네게 구하는 자에게 주며 네게 꾸고자 하는 자에게 거절하지 말라 또 네 이웃을 사랑하고 네 원수를 미워하라 하였다는 것을 너희가 들었으나 나는 너희에게 이르노니 너희 원수를 사랑하며 너희를 박해하는 자를 위하여 기도하라 이같이 한즉 하늘에 계신 너희 아버지의 아들이 되리니 이는 하나님이 그 해를 악인과 선인에게 비추시며 비를 의로운 자와 불의한 자에게 내려 주심이라 너희가 너희를 사랑하는 자를 사랑하면 무슨 상이 있으리요 세리도 이같이 아니하느냐 또 너희가 너희 형제에게만 문안하면 남보다 더 하는 것이 무엇이냐 이방인들도 이같이 아니하느냐 그러므로 하늘에 계신 너희 아버지의 온전하심과 같이 너희도 온전하라"(마 5:38-48).

당신은 이렇게 말할지도 모르겠다.

"하지만 저는 이 말씀들처럼 살 수 없어요. 불가능한 요구들뿐이네요."

앞에서 말한 바 있는 기술자의 경우처럼 당신은 피해를 받아 왔다고 생각한다. 아마 지독하게 큰 피해를 당했다고 생각할지도 모른다. 따라서 아무리 해도 용서할 수가 없다. 당신은 옳았고, 원수의 행동은 전적으로 부당했다. 그분을 사랑한다는 것은 그저 이상일 뿐이지 실제로는 불가능하다.

하나님의 완전성

아담이 선악과를 따 먹은 날부터 사람은 선악을 결정하는 일에 몰두해 왔다. 보통 사람들은 옳고 그름, 정의와 부정에 대한 기준을 자기 나름대로 세워서 그 기준에 따라 살려고 애쓴다. 물론 그리스도인인 우리는 다르다. 그런데 어떤 면에서 다른가? 회심한 이후로 새로운 의의 관념이 생겼고, 그 결과 우리도 매우 정당하게 선악의 문제에 관여하게 되었다. 그러나 우리의 경우에는 출발점이 다르다는 것을 깨달았는가?

그리스도는 우리에게 생명나무이시다. 우리는 윤리적인 옳고 그름의 문제에서 시작하지 않는다. 우리는 다른 나무가 아니라, 바로 생명나무이신 그분으로부터 시작한다. 우리에게 있어서 모든 문제는 생명에 관한 문제인 것이다.

우리가 의로워지려고 노력하고, 또 다른 사람에게도 의를 요구하는 것만큼 그리스도를 증거하는 데 큰 지장을 초래하는 것도 없다. 인간은 무엇이 옳고 그른지의 문제에 먼저 몰두하게 되었다. 우리는 스스로 이렇게 묻는다.

"우리는 지금까지 정당한 대우를 받아 왔는가, 아니면 부당한 대우를 받아 왔는가?"

그리고 우리가 한 행동의 정당성을 입증하기 위해 그러한 생각을 한다. 그러나 그런 것은 우리가 가져야 할 자세가 아니다. 우리에게 있어서 모든 문제는 십자가를 지는 것이다.

누군가가 내게 이렇게 물었다고 가정해 보자.

"어떤 사람이 내 뺨을 치는 것이 옳은 일인가요?"

그러면 나는 이렇게 대답할 것이다.

"물론 옳은 일이 아닙니다. 하지만 문제는 당신이 옳게 되기만을 원하느냐 하는 것입니다."

그리스도인으로서 우리의 생활 표준은 '옳으냐 그르냐'가 아니라, 십자가여야 한다. 십자가의 원리가 곧 우리 행위의 원리다. 해를 악인과 선인에게 고루 비치게 하시는 하나님께 감사하라. 하나님께 그것은 은혜의 문제이지, 옳고 그름의 문제가 아니다. 그것이 또한 우리의 표준이 되어야 한다.

"서로 용서하기를 하나님이 그리스도 안에서 너희를 용서하심과 같이 하라"(엡 4:32).

'옳으냐 그르냐' 하는 것은 이방인과 세리들의 원리다. 우리는 십자가의 원리와 아버지의 완전성 원리에 의해 지배를 받아야 한다.

"그러므로 하늘에 계신 너희 아버지의 온전하심과 같이 너희도 온전하라"(마 5:48).

중국 남쪽 지방에 살고 있던 한 형제는 높은 지대에 논을 가지고 있었다. 날이 한참 가물 때 그는 물레방아 바퀴로 움직이는 양수기를 사용하여 조그마한 개울에서 물을 퍼 올려 그의 논에 물을 대어 두었다. 그 밑에 논 두 개를 갖고 있는 이웃이 하루는 밤에 논 둔덕을 터서 그 형제의 논에 대어 놓은 물을 전부 자기 논으로 끌어들였다. 그래서 그 형제가 둔덕을 다시 잘 보수하고 더 많은 물을 양수기로 끌어올려 놓으면 그 이웃 사람은 또 그 물을 자기 논에 끌어넣곤 하였다. 이런 일이 서너 차례나 되풀이되자 이 형제는 견디다 못해 다른 믿음의 형제와 상담을 하게 되었다.

"제가 지금껏 참고 보복하지 않았는데 이게 옳은 처사입니까?"

그들은 이 문제를 놓고서 함께 기도했다. 그런 후에 믿음의 형제가 그의 질문에 대답을 했다.

"단지 옳은 일을 하려고 노력한다면 확실히 우리는 매우 부족한 그리스도인입니다. 우리는 옳은 일 이상의 것을 해야 합니다."

이 형제는 그 말에 깊은 감명을 받았다. 다음날 아침 그는 아래 있는 이웃 사람의 두 논에 먼저 물을 퍼 올리고, 오후에 자기 논에 물을 퍼 올렸다. 그렇게 했더니 그의 논에 물이 그대로 남아 있었다. 그 이웃 사람은 그의 행동에 놀라 그 이유를 묻게 되었고, 그 후에 이 사람도 자연스럽게 그리스도인이 되었다고 한다.

그러니 형제들이여, 자신의 정당함을 주장하려고 하지 말기를 바란다. 10리를 갔으니 이제는 옳은 일을 다했다고 생각하지 말라. 10리라는 것은 단지 30리 혹은 40리의 상징일 뿐이다. 이 원리가 그리스도를 따르는 원리다. 우리는 어떤 것을 편들 것도 없고, 부탁하거나 요구할 일도 없다. 그저 주기만 하면 된다. 주 예수님이 십자가상에서 죽으셨을 때 우리의 '정당성'을 옹호하기 위해 죽으신 것이 아니다. 그분을 십자가에 있게 한 것은 오로지 은혜였다. 이제 우리는 하나님의 자녀로서 항상 다른 사람들에게 그들이 마땅히 받아야 할 것보다 더 많이 주기를 힘써야 한다.

우리는 종종 옳지 않은 일을 행한다는 사실을 반드시 기억해야 한다. 우리는 실패한다. 그리고 실패를 통해 배우는 것은 항상 유익하다. 즉 실패를 통해 하나님께 자백하는 자세를 갖게 되고, 또 자백하는 데 꼭 필요한 것 이상의 것도 기꺼이 하려는 마음을 갖게 된다. 주님은 이것을 원하신다. 왜냐하면 "이같이 한즉 하늘에 계신 너희 아버지의 아들"이 되기 때문이다(마 5:45).

문제는 실제적인 아들이 되느냐 하는 것이다. 하나님은 "우리를 예정하사 예수 그리스도로 말미암아 자기의 아들들이 되게" 하셨다(엡 1:5). 그러나 우리는 이미 어른이 되었다고, 성숙한 아들이 되었다고 잘못 생각하고 있다. 산상수훈이 가르쳐 주고 있는 사실은, 자녀들이 아버지와 유사한 정신과 태도를 드러내어 아들로서의 책임을 다해야 한다는 것이다. 우리는 아버지의 은혜를 나타내 보이며, 사랑 안에서 완전하게 되어야 한다. 바울은 이렇게 말했다.

> "그러므로 사랑을 입은 자녀같이 너희 하나님을 본받는 자가 되고 그리스도께서 너희를 사랑하신 것같이 너희도 사랑 가운데서 행하라 그는 우리를 위하여 자신을 버리사"(엡 5:1-2).

우리는 한 도전에 직면한다. 마태복음 5장은 그 수준이 너무나 높아서 불가능한 것처럼 생각되는 하나의 표준을 제시하고 있으며, 에베소서의 이 부분에서 바울은 그것을 다시 한 번 지지하고 있다. 문제는 우리가 본질적으로 우리 안에서 그 표준에 도달하는 수단을 찾지 않는다는 것이다. 즉 "성도에게 마땅한 바" 대로 행하지 않는 것이다(엡 5:3). 그렇다면 하나님의 엄격한 요구에 대한 우리의 문제의 해결책을 어디서 찾을 것인가?

바울의 말 속에 그 비결이 있다. 그것은 곧 "우리 가운데서 역사하시는 능력" 이다(엡 3:20). 이와 유사한 구절에서 바울은 이렇게 말한 바 있다.

"이를 위하여 나도 내 속에서 능력으로 역사하시는 이의 역사를 따라 힘을 다하여 수고하노라" (골 1:29).

다시 에베소서의 첫 부분으로 돌아가 보자.

그리스도인 생활의 능력의 비결은 무엇인가? 언제 그런 힘을 가지게 되는가? 한마디로 답해 보겠다. 그리스도인의 능력의 비결은 '그리스도 안에서 안식하는 것' 이다. 그분의 능력은 하나님이 주신 지위에서 나오는 것이다.

  앉아 있는 사람은 누구나 다 걸을 수 있다. 왜냐하면 하나님의 관점에서 볼 때 앉는 것 다음에는 자연히 걷는 것이 뒤따르기 때문이다. 우리는 사람들 앞에서 계속 걷기 위하여 항상 그리스도와 함께 앉아 있어야 한다. 잠시라도 우리가 그 안에서 안식하기를 그치면, 곧 실족하게 되고 세상에서 우리가 증거한 것은 허사가 되고 만다. 그러나 그리스도 안에 거하면 그러한 우리의 지위가 이 세상에서 그에게 합당하게 행할 수 있는 능력을 보장해 준다.

  만일 이와 같은 진보의 예를 원한다면, 달리는 경주자보다 차 안에 있는 사람을 생각해 보라. 아니, 절름발이가 동력으로 움직이는 환자용 마차를 타고 달리는 장면을 생각해 보는 게 더 좋겠다. 그 절름발이가 하는 일은 무엇인가? 그는 달리지만, 또한 앉아 있다. 그리고 그는 앉아 있기 때문에 계속 달리고 있는 것이다. 그가 앞으로 전진하는 것은 그가 앉아 있던 그 자리에서 시작된다. 물론 이것이 그리스도인의 생활을 완전히 묘사한 것이라고는 할 수 없지만, 우리의 행동과 행위가 근본적으로 그리스도 안에서 내적 안식을 취하는 데 달려 있다는 것을 상기시킨다.

  이것은 바울의 말을 설명해 주기도 한다. 그는 먼저 앉기를 배웠다. 그는 하나님 안에 있는 안식처에 이르렀다. 그 결과 그의 행함은 자신의 노력에 근거하지 않고, 하나님의 강한 내적인 역사에 근거한다. 여기에 그의 능력의 비결이 있다. 바울은 자신이 그리스도 안에 앉아 있는 것을 알았기 때문에, 사람들 앞에서 그의 행함이 그 안에 거하시는 그리스도를 나타내었다. 따라서 그가 에베소 교인들을 위하여 "믿음으로 말미암아 그리스도께서 너희(그들) 마음에 계시게" 기도한 것은 그리 놀라운 일이 아니다(엡 3:17).

손목시계가 어떻게 가는가? 처음부터 그 시계가 움직여서 가는가, 아니면 다른 사람이 움직여 주어서 가는가? 말할 것도 없이 시계는 처음에 어떤 외적인 힘에 의해 움직여서 가는 것이다. 다만 그 시계는 조립된 대로 움직일 뿐이다. 우리 또한 만들어진 대로 해야 할 일이 있다.

"우리는 그가 만드신 바라 그리스도 예수 안에서 선한 일을 위하여 지으심을 받은 자니 이 일은 하나님이 전에 예비하사 우리로 그 가운데서 행하게 하려 하심이니라"(엡 2:10).

바울은 빌립보 교인들에게 이렇게 말했다.

"두렵고 떨림으로 너희 구원을 이루라 너희 안에서 행하시는 이는 하나님이시니 자기의 기쁘신 뜻을 위하여 너희에게 소원을 두고 행하게 하시나니" (빌 2:12-13).

하나님이 안에서 행하시며 이루신다! 그것이 곧 비결이다.

그러나 우리가 하나님으로 하여금 우리 안에서 행하시도록 기꺼이 허용하기 전에는, 아무리 그것을 이루려고 노력해도 소용없다. 보통 우리는 하나님이 우리 안에 그리스도의 온유와 겸손을 이루시는 것을 알지 못한 채, 스스로 온유하고 겸손해지려고 애를 쓴다. 우리는 사랑을 나타내려고 노력한다. 그러나 우리에게 사랑이 없음을 발견하고 주님께 사랑을 달라고 구한다. 그런데 더욱더 놀라운 것은 하나님이 우리에게 그 사랑을 주시려고 하는 것 같지 않다는 것이다.

다음과 같은 경우를 생각해 보자. 어떤 형제가 있는데 당신이 그와 아무리 의좋게 지내려고 노력해 보아도 잘되지 않는다. 그 사람을 만날 때마다 그의 말이나 행동이 당신을 화나게 만든다. 이쯤 되면 당신은 무척 괴로워서 이렇게 말한다.

"나는 그리스도인이니까 그를 사랑해야 해. 나는 그 사람을 사랑하기를 원해. 나는 그 사람을 사랑하겠어!"

그리고 이렇게 열심히 기도하기까지 한다.

"주님, 그를 더욱 사랑하게 도와주세요! 하나님, 저에게 사랑을 주세요."

그러고는 마음을 단단히 가다듬고, 모든 혈기를 짓누르고, 기도로 간구했던 바로 그 사랑을 그에게 보여 주고자 하는 순수한 열망으로 나아간다. 그런데 그에게 가기만 하면 또 무슨 일이 생겨서 그 선한 생각이 씻은 듯이 사라진다. 그 사람의 태도는 당신이 사랑을 나타내 보이도록 격려해 주는 것이 아니라, 오히려 그 반대다. 그러면 즉시 옛 분노가 되살아난다. 당신이 할 수 있는 최선은 그를 정중하게 대하는 것이다. 왜 그럴까? 당신이 하나님께 사랑을 구한 것은 분명 잘못이 아니다. 그러나 당신이 사랑 그 자체를 일종의 상품처럼 구한 것이 잘못된 것이다. 하나님이 원하시는 것은 그의 아들의 사랑을 당신을 통해 나타내는 것이다.

하나님은 우리에게 그리스도를 주셨다. 이제 우리가 그리스도 밖에서 얻을 것이라고는 아무것도 없다. 성령은 우리 안에 그리스도께 속한 것을 나타내기 위해 오셨다. 그리스도 밖에서, 또는 그리스도를 떠나서 무엇을 나타내 보이기 위해 오신 것이 아니다. 우리는 그분의 성령으로 말미암아 우리 속 사람이 능력으로 강건하게 되고, 지식에 넘치는 그리스도의 사랑을 알게 된다(엡 3:16, 18). 우리가 외부로 나타내 보이는 것은 하나님이 그에 앞서 우리 안에 넣어 두신 것이다.

다시 한 번 고린도전서 1장 30절의 위대한 말씀을 생각해 보자. 하나님이 우리를 '그리스도 예수 안에' 두셨을 뿐만 아니라, 예수님은 하나님으로부터 나와서 우리에게 지혜와 의로움과 거룩함과 구원함이 되셨다. 이것은 성경에서 가장 위대한 진술 중 하나다. 이 말을 믿는다면, 우리가 필요로 하는 것은 무엇이나 그 안에 넣을 수 있다. 또 하나님이 그 모든 것을 선하게 만드신 사실도 알 수 있다. 왜냐하면 우리 안에 계신 성령으로 말미암아 주 예수께서 자기 자신을 우리에게 주셔서 우리에게 부족한 것이 되셨기 때문이다. 우리는 지금까지 거룩을 미덕으로, 겸손을 은혜로, 사랑을 은사로 여기고 하나님께 구하는 것에 익숙해 있었다. 그러나 하나님이신 그리스도는 그 자신이 우리가 필요로 하는 모든 것이 되신다.

나는 어떤 것이 필요할 때마다 그리스도를 별개의 인격으로 생각했고, 실제로 내가 절실히 필요로 했던 것들이 바로 그리스도 자신임을 깨닫지 못했다. 나는 2년 동안이나 확실히 그리스도인의 생활에 필요하다고 느낀 미덕을 쌓아 보려고 어둠 속에서 헤매고 있었다. 그러나 나의 노력으로는 아무것도 이룰 수가 없었다. 그런데 1933년 어느 날, 하늘에서 빛이 내게 비추었는데 그때 나는 비로소 하나님이 그분의 풍성함 가운데 그리스도를 내게 주신 것을 깨달았다.

"어떻게 그렇게 내 생각과 다를 수가 있을까! 아, 내가 필요로 했던 것들이 따로 있는 게 아니었구나!"

그리스도와 관계없이 우리에게 주어진 것들은 전부 죽은 것이다. 일단 이 사실을 알고 나면, 이것이 우리에게 새 생명의 시작이 될 것이다. 우리의 거룩이 이후로는 대문자 H(주님의 거룩, Holy)로 쓰이게 되고, 우리의 사랑은 대문자 L(주님의 사랑, Love)로 쓰이게 된다. 그리스도 자신이 우리 안에서 하나님의 모든 요구사항에 대한 응답으로 나타나는 것이다.

자, 이제 앞에서 예로 들었던 그 대하기 힘든 형제 이야기로 돌아가 보자. 그에게 가기 전에 먼저 하나님께 이렇게 말씀드리자.

"주님, 저는 그를 사랑할 수 없음을 알았습니다. 하지만 이제는 제 안에 하나님의 아들의 생명이 있고, 그 생명의 법칙이 사랑하는 것임을 알았습니다. 그 생명은 그를 사랑하지 않을 수 없습니다."

스스로 노력할 필요가 없다. 그분을 의지하라. 그분의 생명에 의탁하라. 그런 다음 그 형제에게 담대히 다가가서 말을 걸어 보라. 여기서 놀라운 일이 일어난다! 아주 무의식적으로 당신은 자신이 그에게 아주 즐겁게 이야기하는 것을 발견하게 될 것이고, 또 아주 무의식적으로 그를 사랑하게 되며, 아주 무의식적으로 그가 당신의 형제임을 알게 될 것이다(여기서 '무의식적'이라는 말을 강조하는 이유는 다음에 '의식'이라는 말이 나오기 때문이다). 그와 자유롭게 대화를 나누고, 진정한 사귐을 가지게 된다. 그리고 돌아오는 길에 당신은 놀랍게도 이렇게 말하게 될 것이다.

"나는 조금도 불안해하거나, 근심하거나, 조금도 화를 내지 않았어! 주님이 측량할 수 없는 방법으로 나와 함께하셨어. 주님의 사랑이 승리를 거둔 거야."

우리 안에 있는 그리스도의 생명의 활동은 진정한 의미에서 자발적이다. 즉 우리의 노력 없이 이루어진다. 가장 중요한 법칙은 '노력하는 것'이 아니라, '신뢰하는 것'이다. 우리 자신의 힘에 의존하지 않고, 그분의 힘에 의존하는 것이다. 왜냐하면 그것은 '그리스도 안'에서 우리의 참된 모습을 나타내는 생명의 흐름이기 때문이다. 달콤한 물이 넘쳐나는 것은 생명샘에서 말미암는다.

우리 중 많은 사람들이 그리스도인으로서 행동하는 것에 집착하는 경향이 있다. 오늘날 많은 그리스도인들은 주로 허위에 가까운 생활을 한다. 그들은 소위 '영적인' 삶을 살고, '영적인' 말을 하며, '영적인' 태도를 취하지만, 모든 일들을 자기 힘으로 하고 있다. 그와 같은 노력은 뭔가가 잘못된 것이 있다는 증거다. 그들은 그저 억지로 이것을 하지 않고, 저것을 말하지 않으며, 다른 사람을 해치지 않으려고 애쓴다. 그러면서 그것이 얼마나 어려운 일인지를 알게 된다.

  그것은 마치 중국 사람이 모국어가 아닌 외국어로 말하려고 하는 것과 똑같다. 우리가 아무리 노력한다고 할지라도 자연스럽게 외국어가 입에서 튀어나오지는 않는다. 우리는 억지로 그렇게 말하려고 애를 써야 한다. 그러나 중국 사람이 중국어로 말하는 것보다 더 쉬운 일은 없다. 어떤 행동은 잊어버릴 수 있어도 말은 잊어버리지 않는다. 중국어는 그냥 흘러나온다. 그것은 중국인에게 완전하고도 자연스럽게 이루어진다. 그 자발성이 바로 모든 사람에게 우리가 누구인지를 나타내 준다.

  우리의 생명은 그리스도의 생명이다. 그것은 내재하시는 성령에 의해 우리 속에 들어온 것이다. 그 생명의 법은 자발적이다. 그 사실을 아는 순간, 우리가 애써 노력하던 것을 포기하고 우리의 온갖 겉치레도 내동댕이쳐 버린다. 그리스도인의 생활에서 스스로 무엇을 해보려고 하는 것만큼 해로운 것도 없거니와, 우리의 외적인 노력을 멈추고 우리의 태도가 자연스럽게 될 때만큼 복된 것도 없다. 이때 우리의 말, 기도, 생활은 모두 내적 생명의 자발적이고도 자연스러운 표현이다.

주께서 얼마나 선하신지 알고 있는가? 그렇다면 우리 안에서도 주님은 그와 같이 선하시다! 주의 능력은 위대한가? 그렇다면 우리 안에서도 그 능력은 위대하다! 하나님께 감사하노니, 그의 생명은 언제나 능력 있고, 또 하나님의 말씀을 담대히 믿는 사람들의 삶 속에서 그 거룩한 생명은 이전과 조금도 다름없이 능력 있게 나타날 것이다.

"너희 의가 서기관과 바리새인보다 더 낫지 못하면 결단코 천국에 들어가지 못하리라"(마 5:20)는 주님의 말씀은 무슨 의미인가? 우리는 앞에서 예수님이 모세 율법의 요구와 자기 자신의 준엄한 요구를 대조하시면서 "…하였다는 말을 너희가 들었으나 나는 너희에게 이르노니…"라는 말을 반복하신 것을 보았다.

이미 오랜 세월을 두고 사람들은 처음에 언급한 표준에 도달해 보려고 노력했지만 항상 실패만 해왔는데, 어떻게 주님은 더 높은 표준을 제시하실 수 있는가? 그분은 오직 자신의 생명을 믿었기 때문에 그렇게 하실 수 있었던 것이다. 주님은 자기 자신에게 가장 엄격한 요구를 부과하는 것을 조금도 두려워하지 않으셨다.

실로 우리는 마태복음 5장에서 7장에 나타난 천국의 법을 읽으면서 위안을 얻게 된다. 이는 주님이 그의 자녀들에게도 유용하게 하신 그 자신의 생명을 전적으로 믿고 있음을 보여 주기 때문이다. 이 세 장은 거룩한 생명에 따르는 거룩한 임무를 가르쳐 주고 있다. 하나님이 우리에게 주신 요구사항이 크다는 것은 곧 하나님이 우리 안에 주신 자원이 그것들을 이행하기에 충분하다는 것을 확신하고 계심을 보여 주는 것이다. 하나님은 자신이 수행하지 않으실 일을 명령하지 않으신다. 우리는 단지 그 명령을 수행하기 위해 하나님을 의지할 뿐이다.

우리는 지금 어떤 곤경에 처해 있는가? 그것이 의와 불의의 문제인가? 혹은 선과 악의 문제인가? 우리는 따로 지혜를 구할 필요가 없다. 더 이상 지식의 나무를 요구할 필요가 없다. 그리스도께서는 우리에게 하나님으로부터 온 지혜가 되신다. 그리스도 예수 안에 있는 생명의 성령의 법이 계속해서 우리에게 옳고 그름에 대한 그리스도의 표준과 그 표준을 가지고 어려운 상황에 부딪혔을 때 취해야 할 태도를 가르쳐 준다.

우리 그리스도인의 의의 관념을 손상시키고 우리의 반응 여하를 시험하는 일들이 점점 더 많이 일어날 것이다. 우리는 십자가의 원리를 배울 필요가 있다. 즉 우리의 표준은 이제 옛 사람이 아니라 "하나님을 따라 의와 진리의 거룩함으로 지으심을 받은" 새 사람이다(엡 4:22-24).

"주님, 저에게는 방어할 권리도 없습니다. 제가 소유하고 있는 모든 것은 주의 은혜로 말미암은 것입니다. 모든 것이 주님 안에 있습니다!"

내가 아는 한 일본 여성 그리스도인이 있었는데, 어느 날 그 여자의 집에 강도가 들어왔다. 이 부인은 주님에 대한 단순하지만 실제적인 믿음으로 그 강도에게 식사를 대접하고, 또 자기 집 열쇠까지도 주었다. 그 강도는 이와 같은 그녀의 행동에 자기 자신이 부끄러워 견딜 수가 없었다. 그리고 하나님은 그에게 말씀하셨다. 그녀의 증거를 통해 그 강도는 예수를 믿고, 오늘날 그리스도 안에서 한 형제가 되었다.

너무나 많은 그리스도인들이 온갖 교리를 다 가지고 있지만 실제 생활은 교리와 모순되게 살고 있다. 그들은 에베소서 1-3장은 잘 알고 있지만, 4-6장을 실제 행동으로 옮기지는 않고 있다. 모순된 행동을 하는 것보다는 차라리 교리가 없는 게 낫다.

하나님이 명령하신 것이 있는가? 그렇다면 하나님이 명령하신 것을 이루는 수단으로 당신 자신을 하나님께 전적으로 맡기라. 그리스도인의 생활 원리는 단순히 의로운 것을 넘어서 하나님을 참으로 기쁘시게 하는 일을 행하는 것임을 주님은 가르쳐 주시기를 바란다.

세월을 아끼라

우리 그리스도인의 행함의 문제에 대해서 더 첨가해야 할 것이 남아 있다. '행하다'라는 말은 이미 앞에서 분명히 밝힌 바 있지만 좀 더 깊은 뜻이 있다. 첫째로, 행동이나 행위 및 전진의 의미를 포함하고 있다. '행한다'는 것은 '전진한다' 또는 '따라간다'는 것이다.

우리는 여기서 좀 더 나아가 목표를 향해 전진해 나가는 것에 대해 간략하게 생각해 보고자 한다.

"그런즉 너희가 어떻게 행할지를 자세히 주의하여 지혜 없는 자같이 하지 말고 오직 지혜 있는 자같이 하여 세월을 아끼라 때가 악하니라 그러므로 어리석은 자가 되지 말고 오직 주의 뜻이 무엇인가 이해하라"(엡 5:15-17).

위 성경 구절에서 지혜로운 자와 어리석은 자의 차이점과 시간 관념 사이에 어떤 관련성이 있음을 알게 된다. "…지혜 있는 자같이 하여 세월을 아끼라…어리석은 자가 되지 말라"는 말씀은 중요하다. 이와 비슷한 내용을 다루고 있는 두 성경 구절을 더 살펴보겠다.

"그때에 천국은…열 처녀와 같다 하리니 그 중의 다섯은 미련하고 다섯은 슬기 있는 자라 미련한 자들은 등을 가지되 기름을 가지지 아니하고…밤중에 소리가 나되 보라 신랑이로다 맞으러 나오라 하매 이에 그 처녀들이 다 일어나 등을 준비할새 미련한 자들이 슬기 있는 자들에게 이르되 우리 등불이 꺼져 가니…그들이 사러 간 사이에 신랑이 오므로 준비하였던 자들은 함께 혼인 잔치에 들어가고 문은 닫힌지라 그 후에 남은 처녀들이 와서"(마 25:1-11).

"또 내가 보니 보라 어린양이 시온 산에 섰고 그와 함께 십사만 사천이 서 있는데 그들의 이마에는 어린양의 이름과 그 아버지의 이름을 쓴 것이 있더라…이 사람들은…순결한 자라 어린양이 어디로 인도하든지 따라가는 자며 사람 가운데에서 속량함을 받아 처음 익은 열매로 하나님과 어린양에게 속한 자들이니 그 입에 거짓말이 없고 흠이 없는 자들이더라"(계 14:1-5).

하나님이 시작하신 일은 하나님이 완수하신다는 사실을 확증해 주는 성경 구절은 많다. 우리 구주는 최후 순간까지 구주가 되신다. 비록 지금은 어떤 의미에서 그렇게 말할 수 있을지 몰라도, 최후에 이르러서 반만 구원받을 그리스도인은 없을 것이다. 하나님은 자기를 믿는 자를 누구나 다 완전하게 하신다. 이것이 바로 우리가 믿는 바요, 다음에 말하고자 하는 것의 배경으로 꼭 기억해 두어야 할 것이다.

바울이 말한 것처럼 "너희 안에서 착한 일을 시작하신 이가 그리스도 예수의 날까지 이루실 줄을 우리는 확신" 하고 있다(빌 1:6). 하나님의 능력은 무한하다. 그분은 능히 우리를 그분의 영광 앞에 흠이 없이 기쁨으로 서게 하실 수 있다(유 24; 딤후 1:12; 엡 3:20 참조).

그러나 우리가 시간의 문제에 부딪히게 되는 것은 주관적 입장에서 생각할 때다. 즉 이 세상에서 현재 우리의 생활 속에 일어나는 실제적인 외적 활동을 생각할 때 시간의 문제가 발생한다. 요한계시록 14장에는 '처음 익은 열매들'(계 14:4)과 '추수할 때 거두는 것들'(계 14:15)이 있다. 추수 때 거둬들이는 것과 첫 열매의 차이점이 무엇인가? 그것은 질의 차이가 아니다. 왜냐하면 수확한 것은 다 똑같기 때문이다. 그들의 차이점은 단지 그들이 무르익은 시기에 있다. 어떤 열매는 다른 열매보다 먼저 익어서 '첫 열매'가 된다.

후켄 지방에 있는 내 고향은 오렌지로 유명하다. 나는 이 세상 어디서도 그렇게 좋은 오렌지는 생산할 수 없다고 말하곤 한다(틀림없이 나의 편견이리라!). 오렌지의 계절로 접어들 무렵 언덕 위를 바라보면, 모든 숲이 녹색으로 물들어 있다. 그러나 좀 더 세밀히 들여다보면 나무의 여기저기에 금빛 오렌지가 벌써 매달려 있는 것이 보인다. 짙푸른 나무 사이로 점을 찍은 듯한 금 조각이 보이는 것은 아름다운 풍경이다. 나중에 오렌지가 다 익고 나면 숲은 완전히 금빛으로 변하지만 지금 당장 수확되는 것은 이 첫 열매들이다. 이것들을 조심스럽게 따서 시장에 내다 팔면 최고의 가격을 받게 되는데, 보통 추수 때 가격의 3배는 받는다.

어떻든 간에 모든 것이 익기는 다 익는다. 그러나 어린양은 첫 열매를 찾고 계신다. 비유에서 말한 '슬기로운 자들'이란, 일을 더 잘한 사람들이 아니다. 이른 시간에 일을 다 해놓은 사람들을 가리키는 것이다. 다른 사람들도 역시 순결을 지킨 처녀였으며, 어리석었을 뿐이지 잘못한 것은 아니었다. 슬기로운 자들을 따라서 그들도 신랑을 맞으러 나갔다. 그들 또한 등에 기름이 있었고, 등불도 타고 있었다. 그러나 그들은 주께서 늦게 오시리라는 것을 생각하지 못했다. 그들의 등불은 꺼져 가고 그릇에는 기름이 없었는데, 그렇다고 다른 사람들도 그들에게 나누어 줄 만큼 기름을 충분히 가지고 있지도 않았다.

어떤 사람들은 이 지점에 이르러 주님이 어리석은 자들에게 "내가 너희를 알지 못하노라"(마 25:12)고 말씀하신 것 때문에 고민한다. 그들이 정결한 처녀로 한 남편인 그리스도께 드려진 자들로서 진정한 하나님의 자녀들을 나타낸다면, 어떻게 그들에 대해 이렇게 말씀하실 수 있을까? 그러나 우리는 이 비유가 말하는 교훈의 전체적인 핵심을 인식해야 한다. 그것은 곧 하나님의 자녀들이 준비하지 않고 있다가 미래에 가서 하나님을 섬기는 특전을 상실할지도 모른다는 것이다.

다섯 사람이 문에 와서 말하기를 "주여 주여 우리에게 열어 주소서"⁽마 25:11⁾라고 했다. 이 문은 무엇인가? 분명히 구원의 문은 아니다. 만약 당신이 버림받는다면 천국 문에 이르러 두드릴 수도 없을 것이다. 그러므로 주께서 "내가 너희를 알지 못하노라"⁽마 25:12⁾고 말씀하실 때는 다음 예화처럼 어떤 제한된 의미에서 말씀하시는 것이 분명하다.

상하이에서 있었던 일이다. 직결 재판소 치안관의 아들이 부주의한 운전으로 입건되었다. 아들이 법정에 끌려와 보니 아버지가 치안관 자리에 앉아 있었다. 그 아버지는 보통 다른 재판과 똑같이 재판을 진행했고, 그 아들에게 이름, 주소, 직업 등을 물었다. 그 아들은 깜짝 놀라 자기 아버지를 바라보며 부르짖었다.

"아버지! 저를 모르신단 말씀입니까?"

그러자 아버지는 책상을 두드리며 무섭게 대답했다.

"이보게 젊은이, 나는 당신을 알지 못하네. 이름이 무엇인가? 그리고 주소는?"

물론 아버지가 이런 말을 했다고 해서 그 아들을 전혀 모른다는 뜻은 아니다. 가정 안에서는 분명히 그를 알았다. 그러나 바로 그 장소, 그 시간에 한해서는 그를 알지 못했다. 여전히 그 아버지의 아들이다. 그러나 그 소년은 판결에 따라 벌금을 물지 않으면 안 되었다.

그렇다. 열 처녀 모두가 등에 기름이 있었다. 다만 미련한 자들은 그릇에 기름을 비축해 두지 않았다. 진정한 그리스도인으로서 그들은 그리스도 안에서 삶을 영위하며, 사람들 앞에서 간증도 한다. 그러나 그들은 하루살이처럼 살기 때문에 그들의 간증은 영구적이지 못하다. 그들은 성령을 가졌으나 성령으로 충만하지는 않다고 할 수 있겠다. 그들은 위급한 때가 되면 기름을 더 사러 나가야만 한다.

물론 결국에는 열 사람이 모두 충분한 기름을 가졌다. 그러나 차이점이 있다. 슬기로운 처녀들은 일찍부터 충분한 기름을 가졌던 반면에, 미련한 처녀들은 결국에는 넉넉한 기름을 가졌지만 의도했던 목적을 놓치고 만 것이다. 그것은 순전히 시간의 문제다. 또한 이 비유의 끝에 이르러서 주님이 제자들에게 '깨어 있는 제자가 되라'고 권하실 때 말씀하시고자 하신 요점이 바로 이것이다.

"술 취하지 말라 이는 방탕한 것이니 오직 성령의 충만을 받으라"

(엡 5:18).

마태복음 25장에서 말하는 것은, 예수 그리스도를 처음 영접하는 문제도 아니요, 성령께서 그의 제자들에게 신령한 은사를 주기 위해 오시는 문제도 아니다. 그것은 그릇 안에 남아 있는 기름의 문제다. 다시 말해서 기다리는 시간이 아무리 길다 하더라도 안에 계시는 성령의 지속적이고 기적적인 공급으로 불이 꺼지지 않고 유지되는 문제다(이 비유에서는 등과 그릇이 있지만, 사실 우리가 등이요 그릇이다). 이와 같은 내적 충만을 모르고서야 어느 그리스도인이 천국에서 영원히 살아갈 수 있겠는가? 확실히 어느 한 처녀도 이것을 피해 갈 수 없다. 그래서 주님은 우리가 그와 같은 충만을 알도록 인도해 가신다.

"그런즉 깨어 있으라 너희는 그날과 그때를 알지 못하느니라"
(마 25:13).

'충만함을 받는다'는 말은 여기서 성령과 관련해서 쓰인 보기 드문 표현이다. 계속 충만한 상태를 유지해야 한다. 그것은 오순절 때와 같은 위기가 아니라, 우리가 항상 유지해야 할 상태다. 또 그것은 외적인 것이 아닌 내적인 것이다. 즉 영적인 은사나 외부적으로 나타나는 표징의 문제가 아니라, 우리의 영 안에 계신 성령의 인격적인 임재와 활동의 문제다. 그것은 필요하다면 한밤중 이후로도 오랫동안 그릇 안에서 불이 환하게 타오르도록 보증해 준다.

더욱이 성령의 충만을 받는다는 것은 전적으로 개인적인 문제만은 아니다. 다음 구절(엡 5:19)에서 명백하게 말하는 바와 같이, 그것은 우리가 다른 그리스도인들과 피차 의존하는 가운데 함께 나누는 것이기도 하다. 왜냐하면 '성령으로 충만함을 받는 것'은 그 구절에서 보면 다만 "마음으로 주께 노래하며 찬송"하는 것만을 의미하는 것이 아니라 "시와 찬송과 신령한 노래들로 서로 화답"하는 것이기도 하다. 우리 중 어떤 사람들은 독창보다 사중창이나 이중창이 박자와 화음을 맞추어 부르기가 훨씬 더 어렵다는 것을 알 것이다. 그렇지만 '성령 안에서 하나가 되라'는 이 메시지는 에베소서 제2부의 중심을 이루고 있다(엡 4:13, 15-16 참조). 우리가 보좌 앞에서 새 노래를 함께 부르기 위해서 성령의 충만이 우리에게 주어지는 것이다(계 14:3).

그러나 우리의 주된 강조점을 나타내기 위하여, 어리석음이나 지혜로움이 오직 이 한 가지 요점에만 달려 있음을 거듭 말해 둔다. 즉 당신이 지혜롭다면 이런 충만을 더 일찍 추구할 것이지만, 만일

어리석다면 그것을 늦게까지 연기할 것이다.

우리 중에는 자녀를 둔 부모들이 있다. 그런데 그 자녀들의 성격이 얼마나 심하게 다를 수 있는가! 부모가 어떤 일을 하라고 시켰을 때 한 자녀는 즉시 순종한다. 그런데 다른 한 자녀는 시간을 질질 끌며 그 일을 하지 않으려고 한다. 실제로 상황이 이렇고 또 부모의 마음이 약해서 그 불순종하는 자녀에게 피해 갈 수 있는 여지를 준다면, 그때는 시간을 질질 끌던 자녀가 실로 현명한 자가 된다. 왜냐하면 그는 아무 일도 하지 않고 그냥 무사 통과할 수 있었기 때문이다. 그러나 부모가 반드시 약속을 지키려 들고, 또 일단 명령한 것은 어떠한 일이 있어도 취소될 수 없고 결국은 순종할 수밖에 없을 경우에는 즉시 정직하게 명령 수행에 나섰던 자녀가 분명히 더 슬기로운 자가 될 것이다.

하나님의 뜻을 분명히 이해하라. 만일 하나님의 말씀이 삭감될 수 있다면, 그때는 하나님의 말씀이 암시하고 있는 것을 당신이 피하려고 해도 어리석지는 않을 것이다. 하나님은 변함없는 뜻을 가지신 변함없는 하나님이시니 당신은 현명하라. 세월을 아끼라. 무엇보다도 그릇 안에 여분의 기름을 넉넉히 가지고 있고, "하나님의 모든 충만하신 것으로" 충만하게 되기를 간구하라(엡 3:19).

이 비유가 우리의 모든 문제에 답해 주지는 않는다. 어리석은 자가 어떻게 기름을 샀을까? 거기에 대해서는 언급한 바가 없다. 하나님이 결국 그의 모든 자녀들을 성숙으로 이끄시기 위해 취해야 할 그 다음 단계에 대해서는 아무 말도 없다. 이것은 우리의 관심사가 아니다. 여기서 우리가 관심을 집중해야 할 것은 첫 열매다. 우리는 그저 계속해서 나아가야 한다. 혹 우리가 행하지 않는다면 무슨 일이 생길까 하는 것에 대해서는 깊이 생각할 필요가 없다.

문제를 교묘히 피한다고 해서 당신이 성숙에 이르지 못하는 것은 아니며, 또한 그에 대한 대가를 치르지 않는 것도 아니다. 그러나 지혜는 시간과 관련되어 있다. 슬기로운 자는 시간을 아낀다. 나의 만년필이 지금 잉크가 꽉 차 있어서 당장 내 손에서 쓰일 준비가 되어 있는 것과 마찬가지로, 슬기로운 자들은 주님과 협력함으로써 하나님이 원하시는 것, 곧 하나님께 즉시 사용될 수 있는 편리한 도구를 제공한다.

사도 바울을 보라. 바울은 불타는 열정으로 이글이글 타고 있었다. 바울은 우리를 향한 하나님의 목적이 '때가 찬 것'과 밀접한 관계가 있음을 알았다(엡 1:9). 그는 "오는 여러 세대"에 완전히 나타날 그 구원을 의지함으로써 "그리스도 안에서 전부터 바라던"

사람들 중의 한 사람이 된 것이다(엡 1:12; 2:7). 이 모든 것을 볼 때 그가 하는 일은 무엇인가? 그는 행한다. 그리고 행할 뿐만 아니라 달린다.

"그러므로 나는 달음질하기를 향방 없는 것같이 아니하고"
(고전 9:26).

"푯대를 향하여 그리스도 예수 안에서 하나님이 위에서 부르신 부름의 상을 위하여 달려가노라"(빌 3:14).

흔히 사람들이 신령한 것을 깨닫고 주님과 함께 걸어가기 시작하는 것을 볼 때, 내 마음속에는 이런 생각이 떠오른다.
'아, 그들이 5년만 더 일찍 이 사실을 깨달았더라면 얼마나 좋았을까?'
비록 우리는 계속 나아가고 있지만 시간이 너무 짧다. 긴급조치가 필요하다. 생각해 보라. 우리가 그것으로부터 무엇을 얻느냐가 중요한 것이 아니라, 주님이 지금 무엇을 가지셔야 하느냐가 문제다. 오늘날 주님이 필요로 하시는 것은 준비된 도구다. 왜 그런가?

때가 악하기 때문이다. 그리스도인들 사이에서도 상황은 절망적이다. 제발 이 사실을 알기를 바란다!

주님은 우리를 철저하게 다루셔야 할 것이다. 바울은 스스로 "만삭되지 못하여 난 자"(고전 15:8)라고 말할 수밖에 없었다. 그는 무시무시한 위기를 통과하며 그 당시 그가 있던 지점에 이르렀다. 그런데도 계속해서 나아갔다. 그것은 언제나 시간의 문제다. 하나님은 짧은 시간 내에 신속하게 우리 안에 어떤 일을 행하셔야 할 것이다. 그러나 하나님은 또한 많은 일을 이루셔야 한다. 우리 마음의 눈이 밝아져서 "그의 부르심의 소망"이 무엇인지 알고, 또 "주의 뜻이 무엇인가 이해" 하는 사람처럼 행하기를 바란다(엡 1:18; 5:17). 주께서는 항상 상한 영혼들을 사랑하셨다.

제3장

서 · 라

"종말로 너희가 주 안에서와 그 힘의 능력으로 강건하여지고 마귀의 궤계를 능히 대적하기 위하여 하나님의 전신갑주를 입으라…악한 날에 너희가 능히 대적하고 모든 일을 행한 후에 **서기** 위함이라 그런즉 **서서** 진리로 너희 허리띠를 띠고…흉배를 붙이고…신을 신고…방패를 가지고…투구와…검…을 가지라…기도하고…깨어 구하기를 항상 힘쓰며"(엡6:10-11; 13-18).

그리스도인의 체험은 앉는 것에서 시작해서 행하는 데에 이르지만, 이것으로 끝난 것은 아니다. 모든 그리스도인은 서는 것 또한 배워야 한다. 우리 개개인은 반드시 전쟁 준비를 해야 한다. 하늘 나라에서 그리스도와 함께 앉는 법을 배워야 하고, 이 세상에서 그분에게 합당하게 행하는 방법도 반드시 알아야 하지만, 원수 앞에서는 방법도 반드시 알아두어야 한다. 이와 같은 투쟁의 문제가 에베소서의 제3부에 나타난다(엡 6:10-20). 바울은 이것을 '악한 영들과의 씨름'이라고 불렀다.

그러나 우리는 먼저 에베소서가 이와 같은 것들을 제시하는 순서를 다시 한 번 생각해 보자. 그 순서는 이렇다.

"앉고…행하고…서라."

어느 그리스도인이라도 먼저 그리스도와 그분이 이룩해 놓으신 일 안에서 안식을 얻고, 내주하시는 성령의 능력으로 인해 실제로 그리스도를 따르며 이 세상에서 거룩한 생활을 해나가는 법을 배우지 못하면, 이 세대의 전쟁에 참전할 가망은 전혀 없다고 본다. 만일 이 중에서 어떤 것이라도 부족하면 그 사람은 영적 싸움에 대해서 하는 모든 이야기가 단순히 말에 지나지 않음을 알게 될 것이다. 즉 그는 전쟁의 실제에 대해서는 아무것도 모를 것이다. 따라서 사탄도 이런 사람쯤은 완전히 무시할 수 있다.

그러나 바로 그 그리스도인이 먼저 그리스도의 승귀의 가치를 알고 그 다음에 그의 내주하심의 가치를 알게 되면, "주 안에서 와 그 힘의 능력으로" 강건해질 수 있다(엡 6:10과 1:19; 3:16을 비교해 보라). '서다'라는 말로 요약된 그리스도인 생활의 세 번째 원리를 참으로 이해하려면 '앉기'와 '행하기'를 착실하게 배워야 한다.

하나님께는 큰 원수가 있다. 그 원수의 세력 아래에는 세상에 악을 뿌리며, 하나님 나라에서 하나님을 밀어내 버리려고 하는 타락한 천사들과 헤아릴 수 없는 마귀들이 있다. 이것이 바로 12절의 의미다. 우리 주변에 일어나고 있는 일들을 설명해 주는 것이다. 우리는 단지 우리를 대적하는 '혈과 육'만을 본다. 즉 적대적인 왕들과 통치자들의 세속적인 조직, 죄인들과 악한 사람들만을 본다. 그러나 바울은 우리의 씨름이 이런 것들을 상대하는 것이 아니라, "통치자들과 권세들과 이 어둠의 세상 주관자들과 하늘에 있는 악의 영들"을 상대하는 것이라고 했다. 요약하면, 마귀의 궤계에 대한 것이다. 두 보좌가 전쟁 중에 있다. 하나님은 세상을 자신의 영토라고 선포하시지만, 사탄은 하나님의 권위를 빼앗으려 하고 있다. 교회는 사탄을 그의 현재 영역에서 내어 쫓고 그리스도로 하여금 모든 것의 머리가 되게 해야 한다. 그런데 우리는 지금 무슨 일을 하고 있는가?

나는 먼저 일반적으로 우리의 개인적인 그리스도인 생활과 관련해서 이 전쟁 문제를 다루고, 그 후에 더 특별한 의미에서 주님이 우리에게 맡기신 일과 관련하여 그 문제를 다루려고 한다. 하나님의 자녀들에게는 사탄의 직접적인 습격이 많이 있다. 물론 우리는 우리 스스로 하나님의 법을 어김으로써 생겨난 그런 어려움까지 마귀의 탓으로 돌려서는 안 된다. 우리는 지금 이런 문제들을 어떻게 잘 처리해야 하는지 마땅히 알고 있어야 한다. 그러나 성도들에게는 육체적인 공격도 있다. 그것은 성도들의 몸과 마음에 가하는 악마의 공격이다.

우리는 그와 같은 공격을 신중하게 다루어야 한다. 확실히 우리의 영적 생활에 미치는 원수의 공격에 대해서는 모르는 사람이 거의 없다. 우리는 이런 것들을 문제 삼지 않고 그냥 지나쳐 버리려고 하는가?

우리는 하늘 나라에서 주님과 함께 앉아 있으며, 이 세상에서 주님과 동행하는 방법을 배우고 있다. 그러나 하나님의 적인 동시에 우리의 적인 그 원수 앞에서 우리는 어떻게 행동해야 할 것인가? 이 문제에 대하여 하나님의 말씀은 이렇게 말하고 있다.

"서라!"

"마귀의 궤계를 능히 대적하기 위하여 하나님의 전신갑주를 입으라"(엡 6:11).

11절에 있는 '대적하다'라는 말의 헬라어 동사는 '너의 진지를 지키라'는 뜻이다. 하나님의 이 명령 안에는 귀한 진리가 담겨 있다. 그것은 남의 영토를 침략하라는 명령이 아니다. 현대어로 '전투'라는 말은 '행군하라'는 명령을 내포한다. 대개 군대는 다른 나라를 점령하고 정복하기 위해 행군해 나아간다. 그러나 하나님이 우리에게 명하신 것은 그런 행군이 아니다. 우리는 행군하는 것이 아니라, 서서 지켜야 한다. '서다' 또는 '대적하다'라는 말은 적군에 의해 공격당하는 영토가 진정 주님의 것이며, 따라서 우리의 것이라는 사실을 암시하고 있다. 우리는 그 땅 위에 발판을 마련하려고 애쓸 필요가 없다.

에베소서에 묘사된 우리의 전쟁 무기는 대부분 순전히 방어 무기다. 칼은 공격에 쓰이지만 방어에도 쓰일 수 있다. 방어전과 공격전의 차이점을 설명해 보겠다. 방어전에 있어서는 내가 진지를 소유하고 있기 때문에 그 진지를 지키기 위해 애쓰면 되지만, 공격전에서는 내가 가진 진지가 없기 때문에 그 진지를 빼앗기 위해 싸우는 것이다. 그것은 주 예수님이 싸우신 전쟁과 우리가 싸우는 전쟁의 차이점을 명백하게 드러내기도 한다. 주님의 싸움은 공격적이었으나, 우리의 싸움은 본질상 방어적이다. 주님은 승리를 얻기 위해 사탄과 싸우셨다. 그분은 사로잡힌 자를 이끌어내시기 위해 십자가로 말미암아 그 전쟁을 바로 음부의 문턱까지 끌고 가셨다(엡 4:8-9).

오늘날 우리가 사탄과 싸우는 것은 주님이 이미 획득해 놓으신 승리를 계속 유지하고 굳게 하기 위해서일 뿐이다. 부활로 인하여 하나님은 자기 아들이 모든 어둠의 세계에서 승리자가 되었음을 선언하셨고, 또 그리스도께서 빼앗은 진지를 우리에게 주셨다. 우리는 그 진지를 획득하기 위해서 싸울 필요가 없다. 다만 모든 도전자에 대항하여 그 진지를 지키기만 하면 된다.

우리가 할 일은 지키는 것이지 공격하는 것이 아니다. 중요한 것은 전진하는 것이 아니라 영토를 지키는 것, 곧 그리스도가 차지하셨던 영토를 지키는 것이다. 예수 그리스도의 인격으로 하나님은 이미 정복하셨다. 하나님은 그리스도의 승리를 우리에게 주셔서 지키도록 하셨다. 그리스도의 영토 안에서 원수의 패배는 이미 하나의 엄연한 사실이 되었고, 그 원수를 패배한 채로 꼼짝 못하게 하기 위해서 교회가 그곳에 들어서게 되었다. 사탄은 그 영토에서 우리를 추방하고자 온갖 수단과 방법을 가리지 않고 역습을 가할 수밖에 없다.

우리 편에서 볼 때는 이미 우리의 것인 진지를 점령하기 위해 새삼스럽게 싸울 필요가 없다. 그리스도 안에서 우리는 이기는 자가 되었다. 아니, "넉넉히 이기느니라"고 했다(롬 8:37). 그러므로 그 안에서 우리는 선다. 그리하여 오늘날 우리는 승리를 위해 싸우는 것이 아니라, 이미 이루어진 승리를 기반으로 해서 싸운다. 그리스도 안에서 우리는 이미 이겼기 때문에 우리가 싸우는 것은 이기려고 싸우는 것이 아니다. 하나님이 이미 주신 승리를 의지하는 자가 이긴 자다.

승리를 얻으려고 투쟁할 때는 처음부터 싸움에 진 것이나 다름없다. 가령 사탄이 당신의 가정이나 직장에서 공격을 가하기 시작했다고 생각해 보자. 어려움은 점점 커지고, 이해할 수 없는 일들이 일어나며, 어떻게 해결할 수도, 피할 수도 없는 상황이 닥쳐 와 당신을 압도한다. 당신은 며칠 동안 기도하고, 금식하며, 투쟁하고, 반항도 해본다. 그러나 아무 효험이 없다. 왜 그럴까? 그것은 당신이 승리를 위해서 싸우려고 하기 때문이다. 그리고 그렇게 함으로써 당신은 그리스도 안에서 이미 당신의 것이 된 그 진지를 사탄에게 내어 주고 있는 것이다. 왜냐하면 당신에게 승리는 여전히 멀리 있으며 훨씬 앞에 놓여 있는 것으로, 도저히 그곳에 도달할 수 없기 때문이다.

나도 한번 그러한 입장에 처해서 갈등을 느낀 적이 있었는데, 하나님은 내 마음속에 데살로니가후서에 있는 말씀을 생각나게 해주셨다. 주 예수께서 그 입의 기운으로 불법한 자를 죽이시리라는 말씀이다. 그때 내게는 이런 생각이 떠올랐다.

'사탄을 없애려면 오직 내 주님의 입김만 필요할 뿐인데 나는 왜 공연히 평지풍파를 일으키려고 하는 걸까? 사탄은 단번에 영원히 패배하지 않았는가? 그렇다면 이 승리 또한 이미 얻은 것이다.'

오직 앉는 자만이 설 수 있다. 행하는 능력과 마찬가지로 서는 능력도 처음에 그리스도와 함께 앉는 것에 달려 있다. 그리스도인의 행함과 싸움은 다 똑같이 그 앉은 자리로부터 힘을 얻는다. 만일 하나님 앞에 앉아 있지 않으면 원수 앞에 서기를 바라는 것은 불가능하다.

사탄의 첫째 목적은 우리를 범죄에 빠뜨리는 것이 아니라, 주께서 우리에게 주신 완전한 승리의 진지에서 우리를 내쫓음으로 우리가 범죄하기 쉽게 만드는 것이다. 머리나 마음을 통해서, 즉 우리의 지식이나 감정을 통해서 사탄은 우리가 그리스도 안에 안식하는 것과 성령 안에서 행하는 것에 대하여 공격을 퍼붓는다. 그러나 사탄의 모든 공격에 대비하여 방어하는 갑옷이 준비되어 있다. 곧 투구와 흉배와 띠와 신이다. 그런가 하면 이 모든 것 위에 믿음의 방패가 있어서 사탄의 맹렬한 창살을 막을 수 있다.

믿음은 말한다. "그리스도는 높아지셨다."

믿음은 말한다. "우리는 하나님의 은혜로 구원을 받았다."

믿음은 말한다. "우리는 그리스도를 통해 하나님께 나아간다."

믿음은 말한다. "그리스도는 그분의 성령으로 말미암아 우리 안에 거하신다"(엡 1:20; 2:8; 3:12, 17을 보라).

승리가 그리스도의 것이기에 우리의 것도 된다. 우리가 승리를 얻으려고 애쓰지 않고 단순히 그 승리를 유지하려고만 한다면, 원수가 완전히 패배하는 모습을 보게 될 것이다. 우리로 하여금 원수를 이기게 해달라고 주님께 간구해서는 안 되며, 또 승리를 위해 그리스도를 바라보아서도 안 된다. 다만 그리스도께서 이미 승리하셨으므로 그분을 찬양해야 한다. 그리스도는 승리자이시다. 이것은 순전히 그분에 대한 믿음의 문제다. 우리가 주님을 믿는다면, 기도보다는 찬양을 더 많이 해야 한다. 주님에 대한 우리의 믿음이 더 단순하고 명백해질수록 그런 상황에서 기도는 더 적게 하고 찬양은 더 많이 하게 될 것이다.

다시 말하지만, 그리스도 안에서 우리는 이미 이긴 자들이다. 따라서 우리가 단지 승리를 위해 기도한다는 것은 그 기도가 찬양으로 가득 차 있지 않는 한, 우리의 근본적인 위치를 포기함으로써 사실상 패배를 초래하는 것이 아닌가? 지금까지 당신은 패배의 경험만 맛보아 왔는가? 혹 언젠가는 승리할 수 있을 만큼 강해질 것이라고 기대해 왔는가? 그렇다면 당신을 위해서 내가 기도할 수 있는 것은 사도 바울이 에베소 교인들을 위해서 했던 기도와 다를 것이 없다.

하나님이 당신의 눈을 새롭게 뜨게 해주셔서, 당신 자신이 모든 통치와 권세와 능력과 주권과 모든 이름 위에 뛰어나신 분과 더불어 높은 곳에 앉아 있는 것을 보게 해주시기를 바란다(엡 1:20-21). 당신 주위에는 여전히 어려운 일들이 있을 것이고, 사자는 여느 때처럼 큰소리로 으르렁거릴 것이다. 그러나 당신은 더 이상 이기기를 바랄 필요가 없다. 예수 그리스도 안에서 당신은 전쟁의 승리자이기 때문이다.

그의 이름으로

그러나 이것이 전부는 아니다. 에베소서 6장은 그리스도인의 전쟁의 개인적인 면보다 더 많은 것과 관련이 있다. 그것은 또한 우리에게 맡겨진 하나님의 일, 곧 바울이 여러 번 언급한 바 있는 복음의 비밀을 알리는 일과 관계가 있다(엡 3:1-13을 보라). 이것을 위해서 지금 우리는 말씀의 검으로 무장하고, 그것과 꼭 함께 있어야 할 무기인 기도로 무장하는 것이다.

> "성령의 검 곧 하나님의 말씀을 가지라 모든 기도와 간구를 하되 항상 성령 안에서 기도하고 이를 위하여 깨어 구하기를 항상 힘쓰며 여러 성도를 위하여 구하라 또 나를 위하여 구할 것은 내게 말씀을 주사 나로 입을 열어 복음의 비밀을 담대히 알리게 하옵소서 할 것이니 이 일을 위하여 내가 쇠사슬에 매인 사신이 된 것은 나로 이 일에 당연히 할 말을 담대히 하게 하려 하심이라" (엡 6:17-20).

하나님을 위한 일과 관련해서 이 전쟁에 대한 이야기를 좀 더 해보겠다. 이 점에서 우리가 어려움에 부딪힐지도 모르기 때문이다.

한편으로 생각해 볼 때, 우리 주 예수님이 모든 통치와 권세 위에 뛰어난 자리에 앉아 계시고 또 만물이 그분의 발 아래 복종하게 된 것은 사실이다(엡 1:21-22). 우리가 "범사에 우리 주 예수 그리스도의 이름으로 항상 아버지 하나님께 감사"(엡 5:20)하게 되는 것은 이와 같은 완전한 승리를 알고 있을 때다.

그런데 다른 한편으로 생각해 보면, 만물이 그리스도께 복종하는 것을 우리가 아직 보지 못했음을 시인하지 않을 수 없다. 바울이 말한 것처럼 아직까지도 하늘 나라에는 악한 영들이 있고 이 세상 주관자들의 배후에는 어둡고 악한 세력이 있어, 마땅히 하나님의 소유물인 영토를 점령하고 있다. 그런데 이것을 방어전이라고 부르는 것이 실로 합당한 것일까? 우리는 그릇된 가정을 하는 것을 원하지 않는다. 그러므로 이런 상황에서 우리가 외적으로 볼 때는 원수의 것인 영토를 점령하고 있고, 또 그것을 주 예수님의 이름으로 지키고 있다고 말하는 것이 과연 합당한 일일까?

여기에서 우리를 돕기 위해 "하나님의 말씀을 가지라."고 한 것이다. '그 이름으로' 기도하고 행동하는 것에 대해서 성경은 어떻게 말하는가?

먼저 다음 두 구절에 대해 생각해 보자.

"진실로 너희에게 이르노니 무엇이든지 너희가 땅에서 매면 하늘에서도 매일 것이요 무엇이든지 땅에서 풀면 하늘에서도 풀리리라 진실로 다시 너희에게 이르노니 너희 중의 두 사람이 땅에서 합심하여 무엇이든지 구하면 하늘에 계신 내 아버지께서 그들을 위하여 이루게 하시리라 두세 사람이 내 이름으로 모인 곳에는 나도 그들 중에 있느니라"(마 18:18-20).

"그날에는 너희가 아무것도 내게 묻지 아니하리라 내가 진실로 진실로 너희에게 이르노니 너희가 무엇이든지 아버지께 구하는 것을 내 이름으로 주시리라 지금까지는 너희가 내 이름으로 아무것도 구하지 아니하였으나 구하라 그리하면 받으리니 너희 기쁨이 충만하리라…그날에 너희가 내 이름으로 구할 것이요"(요 16:23-24, 26).

예수의 이름을 알지 못하고 구원받을 수 있는 사람은 단 한 사람도 없다. 또한 그 이름의 권위를 모르고 하나님께 유용하게 쓰임 받을 수 있는 사람 역시 단 한 사람도 없다. 사도 바울은 예수님이 위 성경 구절에서 언급하신 '이름'이 단순히 예수님이 지상에 계시는 동안 사람들에게 호칭되었던 이름이 아니라는 것을 분명히 말해 주고 있다. 물론 그 이름은 인간 예수님의 이름과 동일한 것이지만, 또한 그것은 그리스도께서 죽기까지 복종하신 후에 하나님이 그분께 주신 자격과 권위를 지닌 이름이다(빌 2:6-10). 그것은 그분의 고난의 산물로서, 그분의 승귀와 영광의 이름이다. 따라서 오늘날 우리는 "모든 이름 위에 뛰어나신 이름"으로 모이고, 또 그 이름으로 하나님께 구하는 것이다.

바울만이 이런 구별을 한 것이 아니다. 위에 언급한 두 번째 구절에서 볼 수 있듯이 이미 예수님이 친히 이와 같은 구별을 하셨다.

"지금까지는 너희가 내 이름으로 아무것도 구하지 아니하였으나…
그날에 너희가 내 이름으로 구할 것이요…" (요 16:24, 26).

제자들에게 "그날"은 22절에 있는 "지금"과 매우 다를 것이다. 그들이 "지금" 갖고 있지 않은 무엇인가를 그날에 받게 될 것이고, 받은 후에는 그것을 사용할 것이다. 그 '무엇'이란, 그 이름과 함께 오는 권위를 말한다.

그리스도께서 승천하셔서 생긴 그 큰 변화를 보기 위해 우리의 눈은 반드시 열려야 한다. 예수의 이름은 확실히 나사렛의 목수와 보좌에 앉으신 그분께 동일하게 사용된 이름이지만, 그 이상이기도 하다. 즉 그 이름은 지금 하나님이 그분께 주신 권세와 주권을 나타낸다. 그 권세와 주권 앞에서는 하늘과 땅과 땅 아래 있는 모든 무릎이 반드시 굴복한다. 유대 지도자들까지도 단순한 이름에 이처럼 의미심장한 뜻이 있을 수 있다는 것을 알고서, 절름발이를 고쳤을 때 제자들에게 묻기를 "너희가 무슨 권세와 누구의 이름으로 이 일을 행하였느냐"(행 4:7)고 했다.

오늘날 그 이름이 우리에게 말해 주는 것은, 하나님이 그분의 아들에게 모든 권위를 위임하셨고 바로 그 이름 안에 권능이 있다는 것이다. 그러나 좀 더 나아가서 우리는 성경에서 반복적으로 나타나는 "그 이름으로"라는 표현을 주의해서 살펴봐야 한다. 실제로 사도들은 그 이름을 사용했다. 우리도 그 이름을 사용해야 한다. 예수님은 마지막 설교의 세 구절 안에서 "내 이름으로 구하라."는 말을 반복하셨다(요 14:13-14; 15:16; 16:23-26 참조). 그분은 자신의 권능을 우리의 손안에 두셔서 우리가 사용할 수 있게 하셨다. 그 이름은 그의 것일 뿐만 아니라, 또한 인간에게 주신 것이다(행 4:12). 우리가 그 이름이 우리의 것이라는 사실을 알지 못한다면 손해가 이만저만이 아닐 것이다.

그 이름의 능력은 세 가지 면에서 작용한다. 우리가 설교를 할 때 그 이름은 사람을 구원하는 능력이 있다(행 4:10-12). 즉 사람들은 그 이름으로 죄 사함을 받고, 씻음과 거룩함과 의롭다 하심을 얻는다(눅 24:47; 행 10:43; 고전 6:11). 우리가 전쟁을 할 때 그 이름은 사탄의 세력에 힘 있게 대항하며, 그들을 결박하여 항복시킨다(막 16:17; 눅 10:17-19; 행 16:18). 또 우리가 이미 살펴본 바와 같이 그 이름은 우리가 하나님께 간구할 때 효과가 있다. 성경에는 "너희가 내 이름으로 무엇을 구하든지…"와 같은 말들이 반복해서 나온다(요 14:13-14; 15:16; 16:23). 이런 도전적인 말씀을 대할 때 우리는 공경하는 마음으로 이렇게 말할 수밖에 없다.

"주여, 주님의 용기는 실로 위대합니다!"

이와 같이 하나님이 자기 종들에게 자신을 위탁하신 일은 정말 놀랄 만한 일이다.

이제 이를 좀 더 설명해 주고 있는 사도행전의 세 가지 사건을 살펴보기로 하자.

"베드로가 이르되…나사렛 예수 그리스도의 이름으로 일어나 걸으라"(행 3:6).

"바울이…돌이켜 그 귀신에게 이르되 예수 그리스도의 이름으로 내가 네게 명하노니 그에게서 나오라 하니 귀신이 즉시 나오니라"(행 16:18).

"마술하는 어떤 유대인들이 시험 삼아 악귀 들린 자들에게 주 예수의 이름을 불러 말하되 내가 바울의 전파하는 예수를 의지하여 너희에게 명하노라 하더라…악귀가 대답하여 이르되 내가 예수도 알고 바울도 알거니와 너희는 누구냐 하며"(행 19:13, 15).

먼저 문간에 앉아 있는 앉은뱅이를 고친 베드로의 행위를 생각해 보자. 그는 먼저 무릎 꿇고 기도하며 주님의 뜻을 구하지 않았다. 그냥 즉시 이렇게 말했다.

"걸으라."

그는 예수의 이름을 마치 자기의 것처럼 생각하고 사용했던 것이다. 그 이름은 하늘 저 멀리에 있는 것이 아니었다. 빌립보에서의 바울도 똑같았다. 그는 심중에 생각하기를 사탄의 활동이 충분히 멀리 가버렸다고 확신했다. 바울이 기도하기 위해 우물쭈물하고 있었다는 말은 없다. 그는 하나님 앞에서 진실하게 행했다. 그렇기 때문에 그는 그 이름의 관리인으로서 거의 자기 속에 그 능력이 있는 것처럼 곧바로 행동할 수 있었다. 그가 명령하자 악령은 '즉시' 도망치고 말았다.

이것은 무엇을 말하는가? 이것은 내가 말한 바와 같이 하나님이 자기를 인간에게 '위탁' 하시는 하나의 실례다. 하나님은 자기 자신을 종들에게 위탁하셔서 그들이 '그의 이름으로' 행동할 때 그들을 통하여 활동하신다. 그런데 그 종들이 하는 일은 무엇인가? 분명히 그들은 스스로의 힘으로 하는 것이 아무것도 없다. 그들은 그 이름을 사용한다. 자기 이름이든 다른 사도의 이름이든, 다른 이름으로는 그와 같은 일을 해낼 수가 없다. 일어나는 모든 일은 주 예수의 이름이 그 사건에 영향을 끼침으로 말미암은 결과이며, 종들은 그 이름을 사용할 권한을 부여받았다.

하나님은 이 땅 위에 있는 우리를 보시지 않고, 영광 가운데 계시는 당신의 아들을 보신다. 그분의 이름과 권능이 이 땅에 있는 우리에게 위임될 수 있는 것은, 하나님이 우리를 보시되 하늘에서 그리스도와 함께 앉아 있는 우리를 보시기 때문이다.

간단한 예화를 들어보면 이 사실이 좀 더 명백해질 것이다. 얼마 전 한 동역자가 나에게 사람을 보내어 얼마의 돈을 청구했다. 그의 편지를 읽고서 나는 그가 요구한 돈을 준비하여 편지를 갖고 온 심부름꾼에게 주었다. 내가 그렇게 한 것은 잘한 일인가? 물론 잘한 일이다. 그 편지에는 내 친구의 서명이 있었다. 나에게는 친구의 서명이 있는 것만으로 충분했다. 나는 심부름꾼에게 그의 이름, 나이, 직업, 고향 등을 물어보고, 그래도 그가 못마땅하면 그냥 빈손으로 돌려보내야 했을까? 아니다. 그것은 결코 잘하는 일이 아니다. 왜냐하면 그 심부름꾼은 내 친구의 이름으로 왔으며, 나는 그 이름을 존중했기 때문이다.

하나님의 자기 위탁

하나님이 이렇게 자기 자신을 자기 교회에 위탁하신다는 것은 참으로 엄청난 일이다. 그렇게 함으로 하나님은 자기 종들에게 가장 위대한 능력을 주셨다. 그 능력으로 말하면 이 세상뿐 아니라 오는 세상에 일컫는 모든 이름 위에 뛰어나신 분의 능력이다(엡 1:21). 예수님은 지금 하늘 나라에 올라가 계신다. 따라서 인간을 구원하고, 그들의 마음에 이야기하며, 그들을 위해 하나님의 은혜의 기적을 행사하는 그분의 모든 사역은, 그분의 이름으로 행하는 종들을 매개로 하여 이루어진다. 그래서 교회의 사업은 주님의 사업이다. 예수의 이름은 사실 하나님이 교회에게 주신 위대한 재산이다. 왜냐하면 그러한 하나님의 자기 위탁이 실제로 시행되고 있는 곳에서는 하나님이 그의 이름으로 행해진 모든 일에 대해 친히 책임져 주시기 때문이다. 하나님은 그렇게 자기 자신을 위탁하기를 원하신다. 하나님은 자신의 일을 완수하는 데 다른 방법을 취하시지 않기 때문이다.

이런 의미에서 하나님이 자신을 위탁하지 않으신 사업은 하나님의 사업이라고 부를 가치가 없다. 중요한 것은 그의 이름을 사용할 권한을 위임받는 것이다. 우리는 그분의 이름으로 담대히 서서 말할 수 있어야 한다. 그렇게 하지 못한다면, 우리가 하는 일에는 영적인 영향력이 결여되어 있을 것이다. 그러나 분명히 말해 두건대, 이것은 어떤 위기를 당했을 때 생겨날 수 있는 것이 아니다. 그것은 하나님께 순종한 결실이며, 또 이미 알고 유지해 온 영적 지위에서 나온 결실이다. 그것은 우리가 필요로 할 때 항상 사용할 수 있도록 이미 가지고 있어야 하는 것이다.

"내가 예수도 알고 바울도 알거니와" (행 19:15).

여기서 악귀가 바울을 안다고 한 것에 대해 우리는 하나님께 감사해야겠다! 악한 세력은 그리스도를 알고 있다. 이에 대한 많은 근거들이 여러 복음서에 제시되어 있다. 그러나 사탄은 또한 그리스도와 연합을 이루고 있는 사람들까지도 하늘 나라에 속한 자로 간주한다. 문제는 하나님이 당신에게 그와 같이 자기 자신을 위탁하실 수 있느냐 하는 것이다.

다시 한 예를 들어보겠다. 어떤 일이 내 이름으로 행해진다면, 그것은 어떤 조건에 한하여 내가 내 이름을 타인이 사용할 수 있도록 내어 준 것이며, 나는 그가 내 이름을 가지고 한 일에 대해서는 무엇이든지 책임질 준비가 되어 있다는 뜻이다. 그것은 내가 그에게 나의 수표장과 인장을 준 것과 같다. 물론 내가 은행 예금 계좌도 없고 개인적인 지위도 없다면, 내 이름이 그다지 중요하지 않을 것이다. 나는 학생이었을 때 어느 곳에나 내 이름을 써놓기를 좋아해서 책이나 문서나 손에 닥치는 대로 아무데나 도장을 찍곤 했다. 그러나 내가 처음으로 수표책과 은행 예금 계좌를 가지게 되었을 때는(기껏해야 우체국에 14불을 두고 있었지만) 내 인장 사용에 신경쓰게 되었다. 다른 누군가가 내 인장을 위조해서 사용할까 봐 두려웠기 때문이다. 그때 내 이름이 나에게 귀하다는 생각이 들었다.

우리 주 예수님은 얼마나 능력이 많으시며 부요하신가! 그분의 이름은 얼마나 고귀한 것인가! 그러므로 그분이 자신의 이름으로 일어나는 모든 일에 책임을 지신다면, 그 이름을 사용하는 것에 대해 얼마나 신중해야 하겠는가! 다시 한 번 묻겠다. 하나님은 당신에게 자기 자신을 위탁하실 수 있겠는가? 즉 그분의 은행 잔고나 수표장, 인장 같은 것들을 당신에게 위탁하실 수 있겠는가? 이 문제는 일차적으로 해결되어야 하는 문제다. 그런 다음에야 비로소 당신은 그분의 이름을 자유롭게 사용할 수 있다. 그렇게 되어야만 "땅에서 무엇이든지 매면 하늘에서도 매일 것"이다(마 16:19). 그러면 하나님은 실제로 당신에게 위탁하셨으므로, 당신은 이 세상에서 그분의 참된 대리자로서 활동할 수 있다. 그것이 바로 그분과 연합한 결과다.

우리는 주님과 연합하여 하나님이 우리가 하는 일에 자기 자신을 위탁하시는가? 종종 우리의 서는 것을 뒷받침해 주는 하나님의 약속만 가지고 어떤 상황으로 발을 들여놓는 것이 큰 위험을 무릅쓰는 것처럼 생각된다. 요점은 이것이다. 하나님이 우리를 후원해 주시는가? 또 후원해 주실 수 있는가?

하나님이 완전히 자신을 위탁하실 수 있는 일의 네 가지 중요한

특징을 간략하게 다루어 보기로 하자. 첫째로, 제일 먼저 필요한 것은 하나님의 영원한 목적에 관한 참된 계시를 우리 마음에 받는 것이다. 우리는 이 계시 없이는 일할 수 없다. 만일 내가 어떤 건물을 짓는다면, 아무리 미숙한 일꾼일지라도 내가 짓는 것이 차고인지, 비행장의 격납고인지, 궁전인지 꼭 알아야 한다. 계획을 분명히 알지 못하면 지혜로운 일꾼이 될 수 없다. 오늘날 대부분의 그리스도인들이 복음 전도는 하나님의 사업이라고 믿고 있다. 복음 전도는 다른 것과 일체 관련이 없지는 않다. 복음 전도는 반드시 하나님의 전체적인 계획과 연결되어야 한다. 왜냐하면 그것은 사실상 목적을 위한 수단에 불과하기 때문이다. 그 목적은 하나님의 아들을 높이는 것이며, 복음 전도는 하나님의 아들들을 모아서 그들 가운데 그리스도가 월등하게 높아지도록 하는 일이다.

바울 시대에 모든 신자는 하나님의 영원한 목적과 구체적인 관계를 맺고 있었다(특히 4:11-16을 보라). 그것은 오늘날 우리에게도 마찬가지로 적용되어야 한다. 하나님의 관심은 장차 임할 그분의 왕국에 쏠리고 있다. 우리가 알고 있는 조직적인 기독교는 곧 다른 무언가를 향해 나아가지 않으면 안 된다. 그것은 곧 그리스도의 절대 통치다. 그러나 솔로몬 왕국이 그러했듯이, 지금도 다윗의 통치에 의해 나타난 영적 전쟁의 시기가 있다. 하나님은 오늘날 그와 같이 계획된 전쟁에 같이 협력할 사람을 찾고 계신다.

그것은 하나님의 영원한 목적과 나의 목적이 얼마나 일치하느냐의 문제다. 하나님의 목적과 일치하지 않는 모든 그리스도인의 사업은 단편적이고 아무런 관련성이 없는 것으로, 결국에는 어느 것도 이루지 못한다. 우리는 하나님으로부터 그분의 마음의 원대로 역사하시는 성령에 의해 우리 마음에 계시를 받도록 구하고(엡 1:9-12 참조), 그 다음에 우리가 현재 하고자 하는 사업에 관해서 스스로 이렇게 물어보아야 한다.

"그 일이 하나님의 목적과 직접적으로 관련이 있는가?"

그 문제가 해결되면, 그날 그날의 작은 문제들은 자연히 해결될 것이다.

둘째로, 거룩한 목적을 이루는 데 쓰일 모든 사업은 반드시 하나님이 생각해 내신 것이어야 한다. 만일 우리가 어떤 사업을 계획해 놓은 후에 그 사업을 축복해 달라고 하나님께 간구한다면, 하나님이 그 일에 자신을 의탁하시리라고 기대해서는 안 된다. 하나님의 이름이 인간의 생각에서 나온 사업에 권위를 부여하는 고무 도장이 될 수는 없다. 실로 그런 사업에 축복이 임한다 할지라도, 부분적으로 임하지 전체적으로 임하지는 아니다. 거기에는 '그의 이름으로' 라는 것이 있을 수 없다. 애석하게도 오직 우리의 이름만 있을 뿐이다!

아들은 스스로 아무것도 할 수 없다. 사도행전에 보면 성령께서 금지하시는 것이 얼마나 자주 나타나는가! 사도행전 16장에서는 바울과 또 그와 같이한 사람들에게 "성령이 아시아에서 말씀을 전하지 못하게" 하신 것을 볼 수 있다(행 16:6). 이어서 "예수의 영이 허락하지 아니하시는지라"(행 16:7)고 기록되어 있다. 그러나 사도행전은 성령의 활동에 관한 책이지, 성령의 무활동에 관한 책이 아니다. 너무나 자주 우리는 실제로 활동하는 것이 중요하다고 생각한다. 그러나 우리는 활동하지 않고 하나님을 위해 침묵을 지키는 것도 배워야 한다. 만일 하나님이 활동하시지 않으면 우리도 감히 꼼짝할 수 없다는 사실을 알아야 한다. 우리가 이 사실을 알 때, 하나님은 자기를 위해 대언하도록 우리를 믿고 내보내실 수 있다.

따라서 특정한 사업 분야에서 하나님의 뜻이 무엇인가를 알아야만 한다. 그 사업은 그러한 지식에서 시작되어야 한다. 모든 참된 그리스도인의 사업에 대한 영구적인 원리는 이것이다.

"태초에 하나님이…"

셋째로, 모든 유효한 사업은 오직 하나님의 능력에 의해 지탱해 나가야 한다. 능력이란 무엇인가? 우리는 흔히 이 말을 막연하게 사용한다. 어떤 사람을 두고 말하기를 "아, 저 사람은 참 능력 있는 설교자야." 라고 한다. 그러나 우리는 실제로 그가 무슨 능력을 사용하고 있는지를 자문해 보아야 한다. 그것은 영적 능력인가 혹은 자연적 능력인가? 오늘날 하나님의 일을 하는 데 있어서 자연적인 능력으로 이루어지는 부분이 너무도 많다. 우리가 반드시 알아야 할 것은, 비록 하나님이 어떤 사업을 시작하셨어도 우리가 우리 자신의 능력으로 그 일을 성취하고자 노력한다면, 하나님이 그 일에 자기 자신을 결코 위탁하지 않으실 것이라는 사실이다.

그럼 여기서 당신은 내가 말하는 자연적인 능력이 무엇이냐고 질문할 것이다. 간단히 말해서, 그것은 하나님의 도움 없이도 할 수 있는 것을 말한다. 우리는 어떤 사람에게 어떤 것을 조직하는 일, 즉 복음 전도 운동이나 그 밖에 다른 기독교 활동을 계획하는 일을 맡기는데, 그에게 그 일을 부탁하는 이유는 그가 조직을 잘하는 능력을 타고났기 때문이다. 그렇다면 그는 그 일을 위해서 얼마나 열심히 기도하겠는가? 만일 그가 자신의 타고난 재능에 의존하는 것에 익숙해 있다면, 하나님께 부르짖을 필요를 느끼지 않을 것이다.

우리 모두의 문제는 하나님을 의지하지 않고도 할 수 있는 일들이 많이 있다는 것이다. 그렇지만 하나님을 의식적으로 그리고 지속적으로 의지하지 않는다면, 우리가 아무리 타고난 재능이 있을지라도 언젠가는 감히 활동할 수 없고 말도 할 수 없는 그런 상황에 이르고 말 것이다.

스데반은 모세를 묘사하기를, 애굽 사람의 모든 지혜를 배워 "그의 말과 하는 일들이 능하더라"(행 7:22)고 했다. 그러나 하나님이 모세를 불러 말씀하신 후 모세는 이렇게 말할 수밖에 없었다.

"오 주여 나는 본래 말에 능치 못한 자라 주께서 주의 종에게 명하신 후에도 그러하니 나는 입이 뻣뻣하고 혀가 둔한 자니이다"(출 4:10).

타고난 웅변가가 "나는 말을 할 수 없다."라고 고백하는 경지에 이를 때 그는 근본적인 교훈을 배운 것이며, 정말 하나님께 유용하게 쓰임 받을 수 있는 길에 들어서게 된 것이다. 이와 같은 발견은 결정적인 단계와 일생의 과정을 포함하는 것으로 둘 다 "그 이름으로 세례를 받는다"(행 8:16, 19:5)는 누가의 표현에 함축되어 있는 것이다. 이 말이 나타내는 것은, 모든 새 신자는 그리스도의 죽음과 부활에 관한 근본적인 지식과 그것이 자신과 어떻게 관련되는지를 알아야 한다는 것이다.

어쨌든 우리는 하나님과 함께하는 가운데 우리의 자연적인 힘을 약화시키는 하나님의 최초의 손길을 경험해야 한다. 그리하여 우리는 오직 예수 안에만 있는 부활 생명의 터전 위에 굳게 서게 된다. 거기서는 사망이 더 이상 주장하지 못한다. 그런 후에 그 범위는 계속 넓어져서 우리 자신의 정력도 십자가의 역사 아래로 들어온다. 그 길은 큰 희생이 따르는 길이다. 그러나 그것은 삶과 사역에서 결실을 맺는 분명한 하나님의 길이다. 왜냐하면 그것은 우리가 하나님의 아들의 이름으로 행하는 일을 하나님이 친히 후원해 주시기 위해서 필요로 하는 기반을 제공해 주기 때문이다.

오늘날 하나님의 사업을 하는 데는 일들이 너무나 조직적으로 되어 있어서 하나님께 의존할 필요성이 없어지게 되었지만, 그 모든 일에 대한 하나님의 판단은 강경하다.

"나를 떠나서는 너희가 아무것도 할 수 없음이라" (요 15:5).

인간이 하나님을 떠나서도 할 수 있는 일은 나무와 건초와 그루

터기에 불과하며, 불 시험이 이를 입증할 것이다. 왜냐하면 거룩한 사업은 오직 거룩한 능력으로만 이루어질 수 있기 때문이다. 그리고 그 능력은 오직 주 예수 안에서만 발견된다. 우리는 그리스도 안에서만 그 능력을 사용할 수 있다. 곧 우리가 아주 솔직하게 "나는 아무 말도 할 수 없습니다."라고 외치게 될 때 비로소 하나님이 대신 말씀하고 계심을 알게 된다. 우리가 자신의 일을 끝낼 때 하나님의 일이 시작된다. 따라서 장차 나타날 불은 오늘날의 십자가와 같은 효과를 나타낸다. 오늘날 십자가를 견디지 못하는 것은 훗날 그 불 속을 통과할 수 없다. 나의 능력으로 행해진 나의 사업이 죽음에 이르게 된다 한들, 무덤에서 무엇이 나오겠는가? 아무것도 없다. 그리스도 안에서 온전히 하나님께 속한 것이 아니면, 아무것도 십자가를 견딜 수 없다.

하나님은 결코 우리가 할 수 있는 일을 하라고 요구하시지 않는다. 오히려 그분이 우리에게 요구하시는 것은 우리가 결코 살 수 없는 삶을 살고, 또 결단코 해낼 수 없는 일을 하라는 것이다. 그렇지만 그분의 은혜로 우리는 그런 삶을 살고 있고, 또 그런 일을 수행하고 있다. 우리가 살고 있는 이 삶은 하나님의 능력 안에서 사는 그리스도의 삶이며, 우리가 행하는 사업은 우리가 복종하는 성령에 의해 우리를 통하여 이루어지는 그리스도의 사업이다. '자아'라는 것은 그러한 삶과 사업에 장애물만 될 뿐이다. 우리 각 사람은 마음으로 이렇게 기도해야 한다.

"오! 주여, 나를 다스려 주소서!"

끝으로, 하나님이 자신을 위탁하실 수 있는 모든 사업의 목적은 반드시 '하나님의 영광'이어야 한다. 이 말은 우리가 자신을 위해서는 그 사업에서 아무것도 얻어내지 않는다는 뜻이다. 우리가 그러한 사업으로 인하여 인간의 찬사를 적게 받을수록 하나님께는 그 일이 더욱더 크고 참된 가치가 있다. 이것이 바로 하나님의 원리다. 하나님의 사업에는 인간에게 영광을 돌릴 여지가 없다. 사실 하나님을 기쁘게 해드리고 또 하나님의 사업의 기회를 열어 주는 봉사에는 깊고도 값진 기쁨이 있다. 그러나 그 기쁨의 근거는 하나님의 영광이지 사람의 영광이 아니다. 모든 것은 다 "그의 은혜의 영광을 찬송하게 하려는" 것이다(엡 1:6, 12, 14).

이러한 문제들이 우리와 하나님 사이에서 올바르게 해결될 때 하나님은 자기 자신을 위탁하실 것이다. 하나님이 그렇게 해주신다고 우리가 말할 수 있으리라 믿는다. 중국에서 일하면서 얻은 경험이 다음과 같은 사실을 가르쳐 주었다. 만일 우리의 사업이 하나님의 사업인지 아닌지 의심이 생기는 경우에는, 그 사업과 관련해서 기도를 해보면 응답이 시원하지 못함을 알게 된다. 그러나 그 사업이 온전히 하나님께 속한 사업일 때는 하나님이 놀라운 방법으로 자기 자신을 위탁하신다. 그분에게 절대적으로 복종할 때 당신은 그의 이름을 사용할 수 있으며, 모든 음부까지도 그 이름을 사용할 수 있는 당신의 권한을 인식하게 된다. 하나님이 자기 자신을 어떤 일에 위탁하실 때 그분은 능력으로 나타나 자신이 그 가운데 계시고, 그 일의 창시자이신 것을 강력히 증언하신다.

엘리야의 하나님

결론적으로 내가 겪은 일을 말하고자 한다. 사역을 시작한 지 몇 년 후, 우리는 어려운 시험기에 들어섰다. 실망과 절망에 가까운 날들이었다. 우리는 우리가 취한 입장 때문에 사람들에게 숱한 비난과 의혹을 받게 되었고, 일부 진실한 신자들까지도 우리를 냉담하게 대하며 멀리했다. 우리는 먼저 우리를 반대하는 비난들을 냉정하게 받아들여서 철저히 조사해 보기로 했다. 언제나 비난을 진지하게 받아들이고 분석해 보는 것이 반드시 필요하기 때문이다. "아!

그 사람이 나를 비난하고 있구나." 하는 정도로 단순히 지나쳐 버려서는 안 된다. 그런데 우리는 주님이 우리와 함께하신다는 것을 믿을 수 있는 근거가 있었다. 특별히 어려웠던 한 해가 끝나 갈 때 그 기간 동안 하나님이 우리에게 수백 명의 진실한 회심자들을 주신 것이다. 그리고 나서 그 해 마지막에는 회심자 수가 최고점에 이른 것 같았다.

수년 동안 해마다 관례적으로 해온 일이 있었다. 신년 초의 공휴일을 이용하여 전국에서 이모저모로 관계를 맺고 있는 신자들을 위한 집회를 도시에서 열었다. 금년에는 그 집회의 후원자가 나에게 참석하지 말아 달라는 부탁을 했다. 그 요청은 너무도 충격적였다. 지금 생각하면, 그 일은 사탄이 나와 나의 형제들을 그리스도 안에서 안식하는 진지에서 밀어내려고 시도한 것이었다. 문제는 우리가 어떻게 대응하느냐 하는 것이었다.

신년 공휴일은 매우 길어서 보름 동안이나 계속되었는데 그 기간은 집회를 가지기에도 기간이 적당하고, 복음 전도를 하기에도 아주 좋은 때였다. 우리는 주의 뜻을 구한 후에 주께서 복음 전도의 목적을 위해서 필히 우리를 사용하실 것이라는 확신을 가지게 되었다. 그래서 나는 보름 동안 설교를 할 목적으로 다섯 형제와 함께 중국 남부 해안에서 멀리 떨어져 있는 섬을 방문하기로 했다. 나중에 또 한 명의 젊은 형제가 우리와 함께하게 되었는데, 그를 '우' 형제라고 부르겠다. 나이가 불과 열여섯 살밖에 안 되었던 그는 학교에서 퇴학을 당했는데, 최근에 중생하여 생활이 현저하게 달라졌다. 그가 너무도 간절히 우리와 동행하기를 원해서 약간 주저하던 끝에 허락했다. 그래서 우리 일행은 모두 일곱 명이 되었다.

그 섬은 큰 부락이 있는 커다란 섬이었다. 나의 옛 친구가 그곳에서 교장으로 있었는데, 미리 그에게 편지를 보내어 정월 초하루부터 보름까지 묵을 처소를 마련해 달라고 부탁해 놓았다. 그러나 우리가 밤늦게 도착하자 그 친구는 우리가 복음 전도차 온 것을 알아차리고 숙박을 거절했다. 할 수 없이 우리 일행은 온 마을을 다니며 숙박할 곳을 찾아다녔지만 허사였다. 결국 어떤 중국인 약장수가 호의를 베풀어 주어서 그 집 다락방에 판자와 짚을 깔고 편히 지내게 되었다.

머지않아 그 약장수가 우리의 최초의 회심자가 되었다. 우리는 조직적으로 열심히 일했고 섬 사람들도 매우 친절했지만, 그럼에도 그 섬에서 얻은 성과는 거의 없었다. 그래서 우리는 그 이유를 궁금해하기 시작했다.

정월 초 9일째 되는 날, 야외 설교를 했다. 마을 한 곳에서 다른 사람들과 함께 있던 우 형제가 갑자기 공개적으로 이렇게 물었다.

"왜 여러분 중에는 믿기로 결심하는 자들이 없습니까?"

그때 군중 속에 있던 한 사람이 대답했다.

"우리에게는 '따왕'(大王)이라는 한 신이 있습니다. 그 신은 한 번도 우리를 저버린 적이 없습니다. 그는 영향력 있는 신입니다."

우 형제가 물었다.

"그렇다면 그 신을 신임할 수 있다는 걸 어떻게 압니까?"

그는 이렇게 대답했다.

"우리는 286년 동안 매 정월마다 제사를 지내 왔습니다. 그 택한 날은 미리 예언으로 계시되는데, 매년 어김없이 그날은 비 한 방울, 구름 한 점도 없는 맑은 날이지요."

"금년에는 언제 제사를 지내기로 했습니까?"

"정월 11일 오전 8시로 정했습니다."

그러자 우 형제가 성급하게 말했다.

"좋습니다. 그럼 내가 약속하지요. 그날은 틀림없이 비가 올 것입니다."

그랬더니 모든 사람들이 소리를 질러댔다.

"그만하면 충분합니다. 더 이상 설교도 하지 마세요. 그날 비가 오면 그땐 당신의 하나님이 참 하나님입니다!"

이런 일이 일어났을 당시, 나는 그 마을의 다른 곳에 있었다. 나는 그 소식을 듣자마자 대단히 심각한 일임을 알아차렸다. 그 소문은 성난 불꽃처럼 퍼져 나가 얼마 되지도 않아서 2,000여 명의 사람들이 다 알고 말았다.

자, 이제 우리는 어떻게 해야 할까?

우리는 즉시 설교를 중단하고 기도에 전념했다. 우리가 혹시 너무나 과분한 일을 했다면 용서해 달라고 주께 간구했다. 우리는 열심이란 열심은 다 냈다. 우리가 무슨 일을 한 것일까? 무서운 실수를 저지른 것일까? 그렇지 않으면 담대하게 하나님께 기적을 구해야 할까?

하나님께 기도 응답을 받기 원할수록 더욱더 하나님과 함께 있기를 원하게 된다. 교제에 관해서는 분명히 아무 의심의 여지가 없다. 당신의 믿음이 일치되기만 한다면 하나님과 논쟁할 수도 있다. 그러나 그렇지 않을 때는 그럴 수 없다. 만일 우리가 무언가 잘못된 일을 저질렀다면 내어 버림을 당하는 것도 사양하지 말아야 할 것이다. 결국 당신은 하나님의 뜻을 거스르는 일에까지 하나님을 끌어들일 수 없다. 그러나 우리는 이번 일이 이 섬에서의 복음 전도에 종지부를 찍을 것이고, 따왕이 영원히 지배하게 되리라는 생각이 들었다.

우리는 무엇을 해야 할까? 지금 당장 떠나야 하는 것일까?

그때까지 우리는 비를 내려 달라고 기도하는 것을 두려워했다. 그런데 순간 불꽃처럼 내게 떠오르는 말이 있었는데, 그것은 곧 "엘리야의 하나님은 어디 계십니까?" 였다. 나는 분명하고 힘 있게 다가온 이 말이 하나님으로부터 왔음을 알았다. 나는 형제들에게 확신 있게 말했다.

"저는 기도 응답을 받았습니다. 주님이 그날 틀림없이 비를 내려 주실 겁니다."

우리는 모두 함께 하나님께 감사를 드리며 찬양을 올리고, 우리 일곱 명이 다 같이 나가서 모든 사람에게 힘차게 말했다. 우리는 주님의 이름으로 마귀의 도전을 받아들일 수 있었고, 또 받아들였노라고 사람들에게 알려 주었다.

그날 저녁 약장수가 두 가지 중요한 발언을 했다. 즉 따왕은 영향력 있는 신이었다. 사탄은 그런 모양을 하고 있는 법이다. 그 신을 믿는 그들의 신앙은 근거 없는 것이 아니었다. 더 합리적인 설명을 원하는가? 이 마을은 전부 어부들만 살고 있다. 그들은 2-3개월 동안 줄곧 바다에 있었고, 보름날에는 또 나갈 것이다. 그들 모두는 오랜 경험으로 비추어 보아서 2-3일 전부터는 비가 오지 않음을 분명히 알고 있는 것이다.

이 말을 듣고 우리는 당황스러웠다. 저녁 기도회에 갔을 때 우리는 모두 한 번 더 비를 내려 달라고 기도하기 시작했다. 바로 그때 하나님으로부터 엄한 책망이 내려왔다.

"엘리야의 하나님은 어디 계십니까?"

우리는 이 전쟁을 우리의 방법대로 싸워 나갈 것인가? 아니면 그리스도께서 이미 이루신 승리를 의지할 것인가? 엘리사가 이런 말을 했을 때 그는 무슨 일을 했던가? 그는 지금은 영광 가운데 있는 그의 스승 엘리야가 이행한 바로 그 기적을 자신도 체험하게 될 것을 주장했었다. 신약적인 용어로 말한다면, 그는 완성된 사업의 토대를 믿음으로 취하려 했던 것이다.

우리는 다시 죄를 자백했다.

"주님, 11일 아침까지는 비가 필요 없습니다."

우리는 잠을 잤다. 다음날인 10일 아침에는 그 이웃 섬에 일일 전도를 하기 위해 떠났다. 주님은 무척 은혜로운 분이셔서 그날 세 가

족이 주님께 돌아와 공중 앞에서 신앙을 고백하고 우상을 불태워 버렸다. 우리는 늦게 돌아와 녹초가 되었지만 매우 기뻤다. 우리는 그 이튿날 늦게까지 푹 잠을 잘 여유가 있었다.

내가 눈을 떴을 때 다락방 창문을 통해 태양 광선이 눈부시게 비쳐 오고 있었다. 순간 이런 말이 튀어나왔다.

"야단 났네! 비가 안 오잖아!"

시간은 벌써 7시가 지났다. 일어나 무릎을 꿇고 기도를 올렸다.

"주님, 제발 비를 내려 주소서!"

그런데 다시 한 번 그 말씀이 내 귓전에 울려 왔다.

"엘리야의 하나님은 어디 계십니까?"

나는 겸허한 마음으로 아래층으로 내려와서 하나님 앞에 고요히 침묵을 지켰다. 주인을 포함해서 모두 여덟 명이 아침 식탁에 앉았지만 모두 조용하기만 했다. 하늘에는 구름 한 점도 없었다. 그러나 우리는 하나님이 분명히 기도에 응답하시리라는 것을 알았다. 음식을 앞에 놓고 머리 숙여 기도 드릴 때 나는 이렇게 말했다.

"시간이 다 된 것 같습니다. 비는 지금 틀림없이 옵니다. 우리는 주께서 그 사실을 기억하시도록 할 수 있습니다."

우리는 조용히 기도했다. 그런데 이번에는 아무런 책망의 기미가 없이 응답이 왔다.

"엘리야의 하나님은 어디 계십니까?"

우리는 "아멘." 하기도 전에 기왓장에 빗방울이 떨어지는 소리를 들었다. 밥 한 공기를 먹고 두 공기를 막 먹으려고 하는데 소낙비가 계속 퍼부었다. 나는 말했다.

"다시 한 번 하나님께 감사를 드립시다."

이어서 우리는 더 큰 비를 내려 달라고 했다. 두 번째 밥공기를 들기 시작했을 때는 비가 양동이로 퍼붓는 것처럼 마구 쏟아졌다. 식사를 완전히 끝마쳤을 때 바깥 거리는 이미 물바다가 되었고, 대문 앞에 있는 층층대 세 개가 물에 잠겨 있었다.

곧 우리는 마을에서 일어난 일을 들었다. 이미 첫 빗방울이 떨어졌을 때 몇몇 젊은이들은 터놓고 말하기 시작했다.

"하나님이 계신다. 따왕은 더 이상 존재하지 않는다! 따왕은 비에 눌리고 말았다."

그러나 아직까지 따왕은 없어지지 않았다. 그들은 따왕을 의자 가마에 싣고 왔다. 분명히 따왕은 소낙비를 멈추었을 것이다! 그러나 그 다음에는 억수 같은 비가 쏟아졌다. 불과 몇 미터를 간 후에 세 사람의 가마꾼이 비틀거리다가 쓰러졌다. 가마도 땅에 엎어져 그 속에 들어 있던 따왕의 턱과 왼쪽 팔이 박살나고 말았다. 그들은 더 마음을 굳게 먹고 응급조치를 취한 후에 넘어진 따왕을 다시 가마에 쑤셔 넣었다. 미끄러지며 비틀거리면서 겨우 끌고 잡아당기면서 마을 중간까지 왔다. 결국은 비가 사정없이 퍼부어 그들을 패배시켰다. 60-80대 노인들은 따왕이 좋은 날씨를 주겠거니 믿고서 모자도 쓰지 않고 우산도 없이 나왔다가 큰 곤욕을 치렀다. 그 제사 행렬은 흩어지고, 부서진 우상은 집 안으로 다시 들어갔다. 그러고는 다시 예언이 발표되었다.

"오늘은 재수가 없는 날이오. 제사는 14일 오후 6시에 다시 드리겠소."

이 말을 듣는 순간 우리는 마음속에 다음과 같은 확신이 생겼다.

"하나님은 14일에도 비를 내려 주실 것이다."

우리는 기도하러 갔다.

"주여, 그때까지 4일 동안은 청명한 날씨를 주시되 14일 오후 6시에는 비를 내려 주소서."

그날 오후는 하늘이 맑게 개어서 복음을 전했더니 듣는 사람들이 많았다. 주님은 그 짧은 3일 동안 그 섬에서 우리에게 30명이 넘는 참된 회심자들을 주셨다. 드디어 14일 아침이 밝아 왔다. 다른 날들과 같이 좋은 날이었다. 우리는 집회도 잘했다. 저녁이 다가오자 우리는 또다시 정해진 시간에 모여서 조용히 주님이 그 문제를 기억하시도록 했다. 1분도 늦지 않고 주님의 응답이 왔는데, 역시 전에처럼 억수 같은 비가 쏟아졌다.

그 다음날 우리는 떠날 시간이 되어 그곳을 떠나야 했다. 그 후로는 다시 그 섬에 들르지 못했다. 이후로 다른 사역자들이 그 섬을 방문했는데, 그들이 그곳에 대해 어떠한 주장을 하든지 우리는 문제 삼지 않았다. 우리에게 있어서 중요한 문제는 그 우상 안에 있는 사탄의 능력이 부서졌고, 영원히 힘을 쓸 수가 없게 되었다는 것이다. 따왕은 더 이상 영향력 있는 신이 아니었다. 그 후에는 영혼의 구원이 뒤따랐을 것이지만, 그것은 이 중요하고도 변함없는 사실에 따르는 부산물이었다.

그 감명은 우리 모두에게 지속되었다. 하나님은 자기 자신을 위탁하셨다. 우리는 모든 이름 위에 뛰어난 이름의 권세를 맛보았다. 그 이름은 하늘과 땅과 음부에서까지 능력이 있는 이름이다. 그 며칠 동안 우리는 흔히 말하는 '하나님의 뜻의 중심'에 있는 것이 어떤 것인지 알게 되었다. 그 말은 더 이상 우리에게 어떤 막연하거나 공상적인 것이 아니었다. 그것은 우리가 친히 겪은 체험을 나타내는 말이었다. 우리는 함께 "그 뜻의 비밀"(엡 1:9)이라는 것을 잠시나마 볼 수 있었다. 나는 몇 년 후에 우 형제를 만났다. 한동안 연락을 끊고 지냈었는데 그 사이에 그는 비행사가 되어 있었다. 내가 그에게 아직도 주님을 따르느냐고 물었더니 그는 이렇게 대답했다.

"니 선생님! 우리가 겪은 그 모든 체험들이 있는데 제가 주님을 버릴 수 있다고 생각하십니까?"

'선다'는 것이 무엇을 의미하는지 알겠는가? 우리는 진지를 얻고자 노력하지 않는다. 우리는 다만 주께서 우리를 위해 획득해 놓으신 진지 위에 서서, 단호하게 그곳을 떠나지 않으면 된다. 우리 눈이 정말로 열려져서 우리의 승리자이신 그리스도를 보게 될 때 우리 입에서 자연스럽게 찬양이 나오고, 그 찬양은 멈추지 않을 것이다. 마음으로 주께 노래하며 범사에 그분의 이름으로 감사를 드린다(엡 5:19-20). 애써 하는 찬양은 힘이 들고 화음이 맞지 않지만, 그분에게 의존하는 마음에서 자연스럽게 울려나오는 찬양은 언제나 맑고 감미롭다.

그리스도인의 삶은 그리스도와 함께 앉는 것과 그에 의해 행하는 것, 그 안에 서는 것으로 이루어진다. 우리는 주 예수님이 완성하신 사업에 의존함으로 영적인 생활을 시작한다. 이 의존은 우리가 이 세상에서 흔들리지 않고 일관되게 행하기 위한 힘의 원천이다. 그리고 어두움의 주관자들과의 힘겨운 싸움이 끝날 때 우리는 마침내 승리로 얻은 진지 위에 주님과 함께 굳건히 서 있는 자신을 발견하게 될 것이다.

영광이 그에게 세세토록 있을지어다!

사명선언문

너희가 흠이 없고 순전하여……세상에서 그들 가운데 빛들로
나타내며 생명의 말씀을 밝혀 _ 빌 2:15-16

1. 생명을 담겠습니다
만드는 책에 주님 주신 생명을 담겠습니다.
그 책으로 복음을 선포하겠습니다.

2. 말씀을 밝히겠습니다
생명의 근본은 말씀입니다.
말씀을 밝혀 성도와 교회의 성장을 돕겠습니다.

3. 빛이 되겠습니다
시대와 영혼의 어두움을 밝혀 주님 앞으로 이끄는
빛이 되는 책을 만들겠습니다.

4. 순전히 행하겠습니다
책을 만들고 전하는 일과 경영하는 일에 부끄러움이 없는
정직함으로 행하겠습니다.

5. 끝까지 전파하겠습니다
모든 사람에게, 땅 끝까지, 주님 오시는 그날까지
복음을 전하는 사명을 다하겠습니다.

서점 안내

광화문점	서울시 종로구 새문안로 69 구세군회관 1층 02)737-2288 / 02)737-4623(F)
강남점	서울시 서초구 신반포로 177 반포쇼핑타운 3동 2층 02)595-1211 / 02)595-3549(F)
구로점	서울시 동작구 시흥대로 602, 3층 302호 02)858-8744 / 02)838-0653(F)
노원점	서울시 노원구 동일로 1366 삼봉빌딩 지하 1층 02)938-7979 / 02)3391-6169(F)
일산점	경기도 고양시 일산서구 중앙로 1391 레이크타운 지하 1층 031)916-8787 / 031)916-8788(F)
의정부점	경기도 의정부시 청사로47번길 12 성산타워 3층 031)845-0600 / 031)852-6930(F)
인터넷서점	www.lifebook.co.kr